JN193997

図解ポケット

Shuwasystem
A book to explain
with figure
: Library

中央銀行(CBDC)デジタル通貨がよくわかる本

SHIMODA Tomoyuki
下田知行 著

秀和システム

はじめに

　本書は「中央銀行デジタル通貨（CBDC：Central Bank Digital Currency）」について、日本や海外の最新動向と導入に向けて解決すべき課題を解説しています。

　「デジタル通貨」と聞いて何をイメージしますか。ビットコインなどの「仮想通貨（暗号資産）」、PayPayや楽天Payなどの「キャッシュレス決済手段」、中には中国が実証実験中の「デジタル人民元」をイメージする方もおられるかもしれません。

　「中央銀行デジタル通貨」なので「中央銀行（日本では日本銀行）」が発行する「デジタル通貨」ということになりますが、デジタル通貨と聞いて思い浮かぶイメージによって「えっ、日銀が仮想通貨を発行するの？」「日銀が発行するPayPayのようなもの？」といった疑問が湧いてくるかもしれません。また、ビットコインもPayPayもすでに世の中に存在しますので、「なぜわざわざ日銀が発行するの？」「日銀が発行する気になればすぐに発行できるのではないの？」といった疑問も出てきます。

　一方で、「デジタル」にはサイバー攻撃などの脅威やリスクがつきものです。映画ではよく銀行の金庫を装甲車で突っ込んで破壊するとか、スパイが監視の目をかいくぐって侵入するといったシーンが出てきますが、物理的に銀行の金庫を破壊したり、侵入のリスクを冒したりしなくても、CBDCのシステムをサイバー攻撃でハッキングできれば「静かに」「大量のお金」を奪うことができます。民間企業のサービスがサイバー攻撃を受けても影響は大きいですが、日銀が運営するシステムがハッカーに侵入されたとなると、影響の甚大さだけでなく、日本という国家に対する国際

的な信用にも関わってきます。

　本書は、このような疑問にお答えしながら、CBDCの「現在地」を明らかにしようとするものです。単に「こんなことができる」「こんなことができたらいいな」といった夢のある未来を描くだけではなく、「CBDCが導入されたらPayPayはどうなる」「CBDC導入にかかる費用は誰が負担する」「先行する中国のデジタル人民元に日本は追いつかなくていいのか」という現時点では明確な答えを出せない問いにも筆者なりの見通しを示しました。広く国民が利用するCBDC（「一般利用型CBDC」と呼ばれます）の発行は、特に先進国にとってそれほど単純な話ではないことがご理解いただけると思います。

　「お金は経済の血液」といわれます。本書で解説した様々な課題を乗り越えていずれCBDCは導入されるでしょう。お金がデジタル化することで経済の仕組みも変わります。CBDCは金融関係者だけで進められる話ではなく、国民すべてが関係する話です。本書が金融ビジネスやフィンテック（Fintech）と呼ばれる金融のイノベーションに関心があるビジネスパーソンや学生だけでなく、企業の経営企画や事業開発などに携わる方々にとっても金融の未来を担うCBDCの「現在地」を理解していただく一助になれば幸いです。

2024年8月

下田 知行

中央銀行デジタル通貨（CBDC）が よくわかる本

CHAPTER 2 CBDCをめぐる海外の動き

中央銀行デジタル通貨（CBDC）の基本

中央銀行デジタル通貨（CBDC）とは何か、まずは基本を整理しましょう。キャッシュレス化の流れ、法定通貨の意味、一般受容性や決済完了性などCBDCの属性を理解することで、CBDCの設計や民間デジタル通貨との違いに関する理解を深めることができます。

CBDC（中央銀行デジタル通貨）導入には大きく4つの乗り越えるべき壁がある

CBDC導入には様々な課題があります。そのうち、筆者がCBDC導入に立ちはだかる壁として特に重要だと考えているのが、「サイバー攻撃への頑健性」「民間サービスとの役割分担」「開発や運用の費用分担」「プライバシー」の4つです。

1　本書の「見取り図」と「4つの壁」

最初に本書全体の「見取り図」をお示しします。第1章の「中央銀行デジタル通貨CBDCの基本」では、CBDCとは何かを説明したうえで、海外のCBDC導入スタンス、民間との役割分担、ユースケース、セキュリティ対策、導入時期などCBDCをめぐる大きな流れを解説します。また、本書は広く国民が利用する「一般利用型」もしくは「リテール」と呼ばれるCBDCを主に扱いますが、金融機関間で使われるホールセールCBDCにも触れます。

実はこの「民間との役割分担」や「ユースケース」がなかなかの難問なのです。CBDCが導入されればPayPayや楽天Payなど最近すっかり浸透してきたQRコード決済と機能的には重なります。中央銀行（日銀）という信用度の高い発行主体が参入してきたら、乱立しているQRコード決済業者は退出を迫られる先も出てくるでしょう。だからといってCBDCを民間サービスのバックアップといった役割に限定すれば、CBDCのユースケースもかなり限られたものになります。これでは巨額の開発費用や運用費用を正当化できるかわかりません。いずれにせよ、どの決済手段を選ぶかは最後は国民（消費者）の選択です。

また、「サイバー攻撃への頑健性」は、サイバー攻撃の多くが先進国以外の国から仕掛けられている現状では、先進国のCBDCにとっては特に慎重にならざるを得ない問題です。

　第2章の「CBDCをめぐる海外の動き」では、中国のデジタル人民元やインドのデジタルルピーが実地での大規模実証実験に入っているのに対し、先進国のスタンスが慎重化している背景を解説します。中国やインドは銀行口座を開設できない人に対して金融サービスへのアクセスを改善するという「金融包摂」が大きな意義を持ちますが、先進国にはそれがありません。むしろ、プライバシーやデータ利用に対する感度の違いやサイバー攻撃の対象になりやすい国際通貨である点などが、先進国ではクリアすべき課題として重くのしかかってきます。

　第3章の「CBDCと民間デジタル決済手段」では、電子マネーやQRコード決済など民間デジタル決済手段とCBDCとの違いや役割分担（棲み分け）の問題を詳しく解説します。また、仮想通貨（暗号資産）やステーブルコインなどブロックチェーン上で流通するデジタル資産（アセット）も取り上げます。また、CBDCやデジタル資産を格納する「財布」であるデジタルウォレットも重要な役割を担います。暗号資産やステーブルコインはCBDCとは違いますが、特にステーブルコインは民間のデジタル通貨として詳しく解説します。

　最後の第4章の「CBDCの設計」では、利用履歴など「プライバシー」や個人情報の保護をどこまで行えるか、オフラインや停電・災害時にどう対応するか、スマートコントラクト（自動支払い）機能など利便性の高い機能を実装するかなど、CBDCを安心して便利に使えるようにするための設計上の課題を取り上げます。また、「開発や運用の費用負担」の問題も解説します。CBDCをお金と同じように国民の経済インフラと割り切れば国（究極的には納税者）が負担するという考え方もありますが、サイバー攻撃対策などを考えれば開発コストは巨額となります。また、CBDCの口座開設など運用を担当する銀行などの仲介機関が負担するコストも無視できません。だからといってCBDCを導入しないという選択肢もなさそうです。この点でも議論を尽くす必要があります。

FIGURE 1

CBDC 導入の 4 つの壁

第1章　中央銀行デジタル通貨 (CBDC)の基本

- CBDCとは何か
- 海外の導入スタンス
- 民間との役割分担
- ユースケース
- セキュリティ対策
- 導入時期
- ホールセール CBDC

第2章　CBDCをめぐる 海外の動き

- デジタル人民元・デジタルルピー など新興国の実証実験
- 先進国が導入に慎重になった理由

第3章　CBDCと 民間デジタル決済手段

- 電子マネーや QRコード決済など 民間デジタル決済手段との違い
- 民間との役割分担（棲み分け）
- デジタルウォレット
- 仮想通貨（暗号資産）やステーブル コインなどデジタル資産

第4章　CBDCの設計

- プライバシー保護
- オフライン利用
- スマートコントラクト
- 開発や運用の費用負担

CBDC導入の 4つの壁

サイバー攻撃への 頑健性

民間サービスとの 役割分担

開発や運用の 費用負担

プライバシー

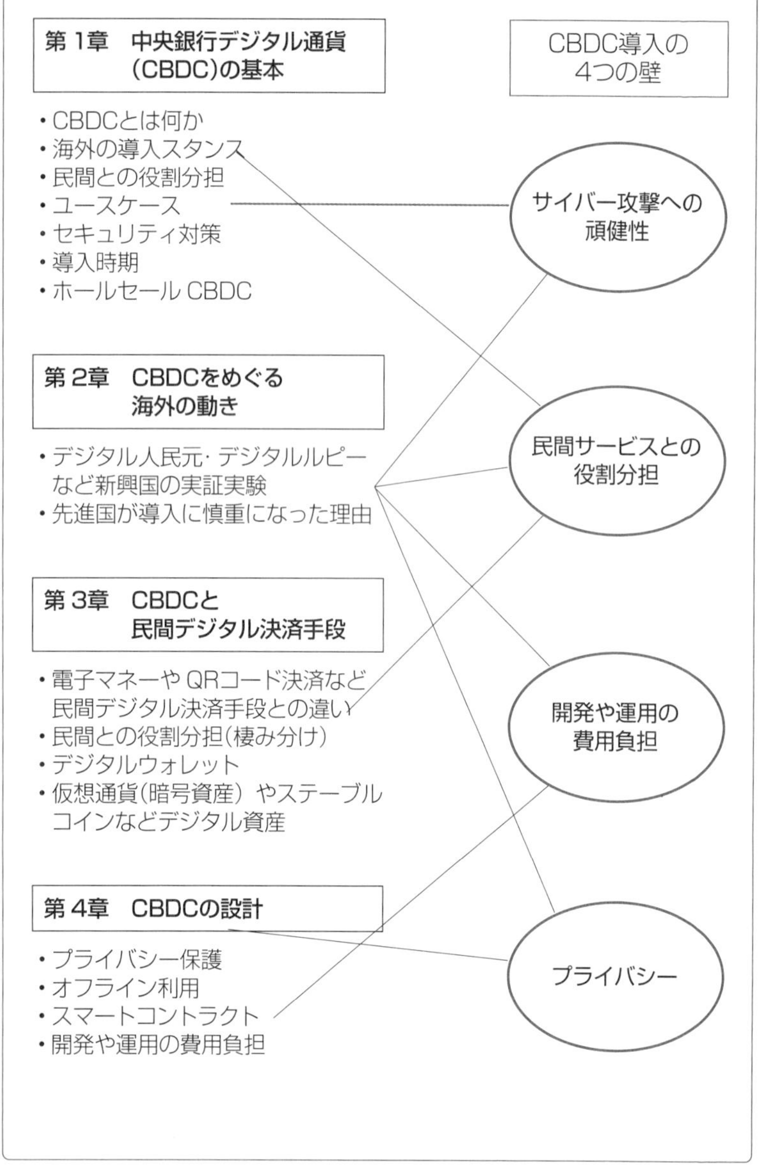

CBDCとは中央銀行が発行する デジタル通貨

CBDC*とは、中央銀行（日本では日本銀行）が発行するデジタル通貨をいいます。

1 CBDCは銀行券（お札）をデジタル化したものか

CBDCのCBは中央銀行(Central Bank)、DCはデジタル通貨(Digital Currency）です。中央銀行（日本では日本銀行）が発行するデジタル通貨ということになります。

中央銀行が発行する通貨といえば銀行券（お札）がまず思い浮かびます。日本を始め先進国ではまだ CBDC は発行されていませんが、お札をデジタル化すれば CBDC になるのでしょうか。

筆者の答えは「お札のよいところは（極力）残し、**お札がデータになることで便利になるところはそれを活かすのが CBDC。**ただし、データになったことで新たな課題も生まれる」といったところですが、これはこの本全体を通して検証していきましょう。

＊ **CBDC** Central Bank Digital Currencyの略。中央銀行デジタル通貨。

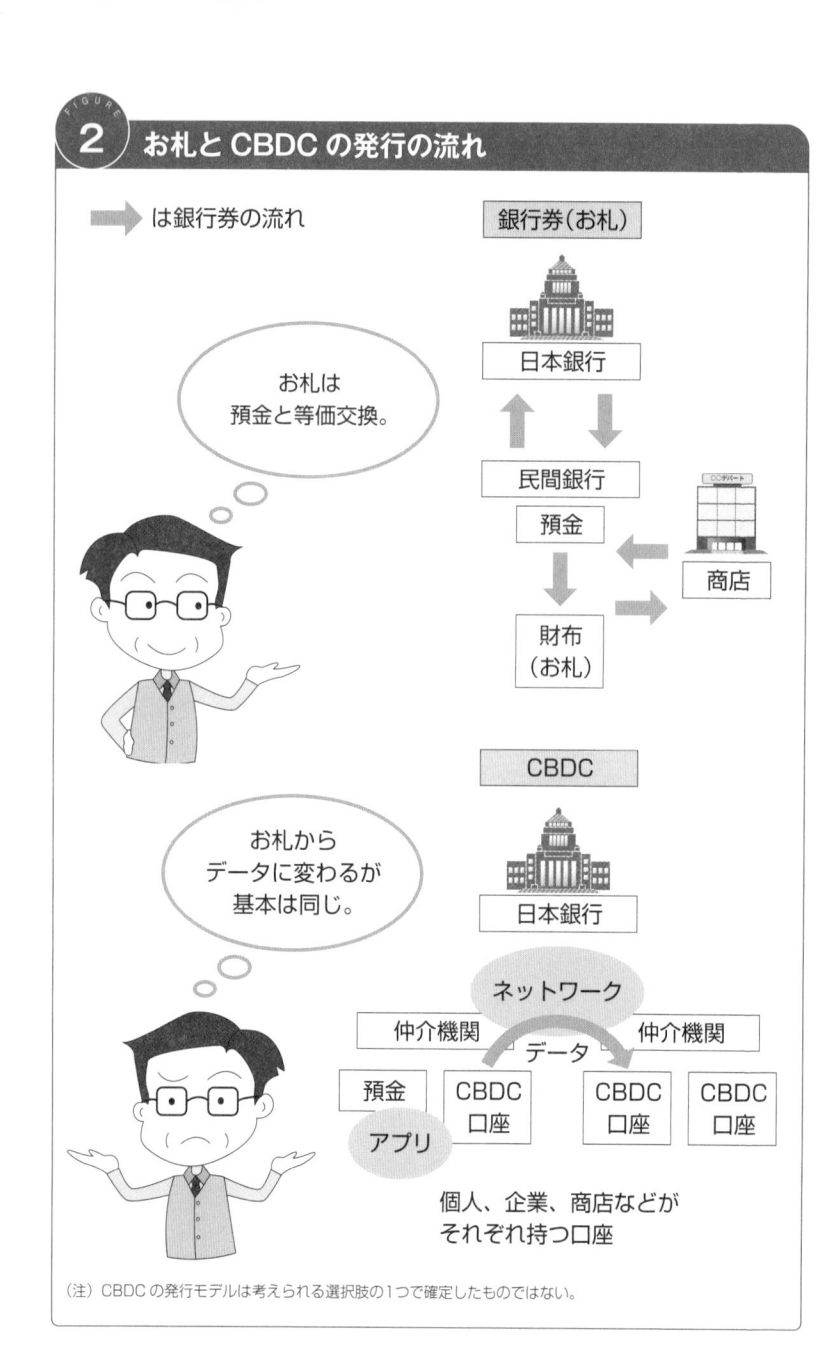

FIGURE 2　お札とCBDCの発行の流れ

➡ は銀行券の流れ

銀行券（お札）

日本銀行

民間銀行

預金

財布（お札）

商店

> お札は
> 預金と等価交換。

CBDC

日本銀行

> お札から
> データに変わるが
> 基本は同じ。

ネットワーク

仲介機関　データ　仲介機関

預金　CBDC口座　CBDC口座　CBDC口座

アプリ

個人、企業、商店などが
それぞれ持つ口座

（注）CBDCの発行モデルは考えられる選択肢の1つで確定したものではない。

14

2　お札という「紙」を流通させるコストは無視できない

　CBDCはまだ検討段階ということで、どのような形で発行されるかはまだ決まっていません。ただ、大まかには現在のお札の発行の流れを踏襲するとみられています。

　金融の取引は**等価交換**が基本です。例えば、為替レートは2つの通貨を等価交換するときの交換比率です。通貨の発行も例外ではありません。

　お札は日本銀行が発行しますが、その際、銀行が日本銀行に預けている**準備預金**が引き落とされます。お札と準備預金は等価交換されたのです。

　私たちがATMでお札を引き出すときも自分の預金を引き落とします。つまり、預金とお札は等価交換されます。商品を現金で買うとき商品とお札は等価交換され、商店が売り上げを銀行に入金すると、またお札と預金は等価交換されます。

　CBDCでもこの基本は同じです。ただ、お札という「紙」がなくなりデータになることで変わるところも出てきます。お札を管理する**財布は、スマホアプリに表示される残高に代わります**。お札という紙を流通させるには紙の製造費だけでなく、運搬、保管、警備などにコストがかかりますが、データになることで節約できるコストは大きいはずです。ただ、データならではの新たなコストやリスクも生まれます。

経済のデジタル化に対応

ネット上だけなくリアルの店舗でも現金以外の支払い（キャッシュレス決済）が浸透しています。経済のデジタル化の動きに対応する必要があります。

1 2025年までのキャッシュレス決済比率4割が目標

政府は2020年の「成長戦略フォローアップ」で2025年までにキャッシュレス決済比率を4割程度にする目標を立てました。当時はQRコード決済の黎明期でしたが、その後浸透がみられ、クレジットカードなど他のキャッシュレス決済手段も伸びたこともあって、2023年には39.3%まで伸びています。4割目標は前倒しで達成できるとみていいでしょう。

実際、財布を持たず、スマホだけで電車に乗り買い物を済ませる人も若い人を中心に多く見受けられます。政府の4割目標にはCBDCは視野に入っていませんが、そもそもキャッシュレスとは現金を決済で使わないということですので、現金をデジタル化するCBDCが導入されれば、キャッシュレス決済をさらに後押しするのは間違いありません。

FIGURE

3　キャッシュレス決済比率は順調に伸びている

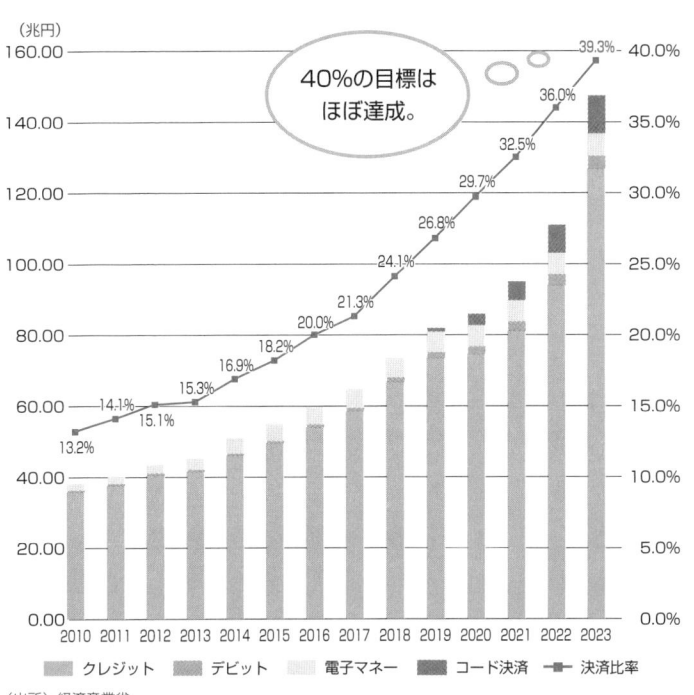

（兆円）

40%の目標は
ほぼ達成。

13.2%　14.1%　15.1%　15.3%　16.9%　18.2%　20.0%　21.3%　24.1%　26.8%　29.7%　32.5%　36.0%　39.3%

2010　2011　2012　2013　2014　2015　2016　2017　2018　2019　2020　2021　2022　2023

■ クレジット　■ デビット　■ 電子マネー　■ コード決済　➡ 決済比率

（出所）経済産業省
https://www.meti.go.jp/press/2023/03/20240329006/20240329006.html

スマホでの決済を
中心にキャッシュレス化
が進んでいる。

　日本は現金志向がいまだ強く、キャッシュレス決済の進展が遅れているとよくいわれます。国際比較は定義やデータが揃わないのでなかなか難しいのですが、2021年時点でのデータでは、確かに日本（32.5%）は米国（53.2%）、英国（65.1%）、フランス（50.4%）より見劣りしているようにみえます。

　ただ、この数字には預金を使った支払（公共料金の自動引落、振込など）は含まれていません。邦銀のこうしたサービスの水準は国際的にみても高いとされておりよく利用されています。これらを勘案すると、日本は過小評価されているといえるかもしれません。

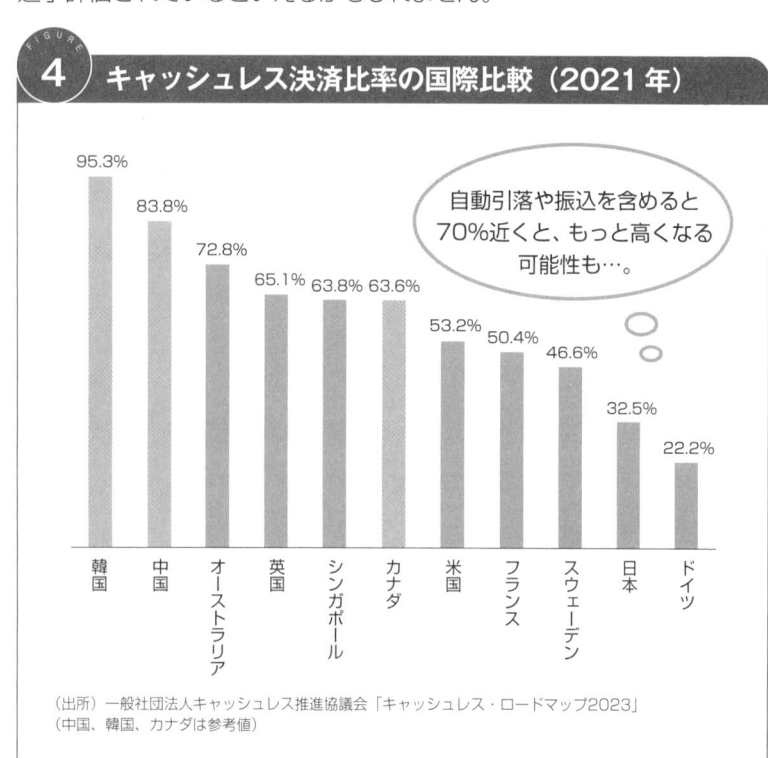

FIGURE 4 キャッシュレス決済比率の国際比較（2021年）

（出所）一般社団法人キャッシュレス推進協議会「キャッシュレス・ロードマップ2023」
（中国、韓国、カナダは参考値）

発行は日銀、法整備は政府

CBDCを発行する主体は日銀ですが、法整備が必要なので政府も関与します。

1 CBDCの発行には法改正が必要

CBDC の 2 つ目の「C」は**通貨**（Currency）のことですが、現行法では、通貨とは**日本銀行券**と**貨幣**を指します。これは「**通貨の単位及び貨幣の発行等に関する法律**」に定められています。

日本銀行券の発行は、**日本銀行法**によって日銀が行いますが、種類については政令で定められます。つまり、「一万円券」「五千円券」「二千円券」「千円券」といった種類を決めるのは、政令ですので、政府（内閣）に権限があります。図案など様式を決めるのも財務大臣です。

貨幣の発行権限は政府にあります。ただ、発行に当たっては製造済の貨幣を日銀に交付することにより行いますので、貨幣を流通させるのは日銀です。

CBDC は日本銀行券でも貨幣でもありませんので、通貨として発行するには法改正が必要になります。そもそも、CBDC は銀行券や貨幣のように形のあるもの（有体物）ではなく、その本質はデータ（無体物）ですので、「2,024 円」など現在の銀行券や貨幣では組み合わせで表現するしかない金額も自在に表現できます。銀行券や貨幣の種類を決めるようなことは CBDC では必要ありません。

2 通貨は日銀から払い出されて初めて通貨になる

　この本の冒頭（1-2 節参照）に、金融取引は等価交換であり、お札の発行もお札と銀行が日銀に預けた準備預金が等価交換されて行われると書きました。もちろん、これは貨幣でも同じです。

　そして、通貨は日銀に還流してきて準備預金と等価交換される（還流した分だけ準備預金が増額される）ことで通貨としての役目を終えます。

　CBDC も同じと見込まれます。すなわち、CBDC は日銀によって発行され、CBDC の仲介機関の準備預金が引き落とされ、CBDC と等価交換されて流通が始まり、最後は CBDC が日銀に還流し仲介機関の準備預金に入金されて流通が終わる姿が想定されます。違いは、流通するのはお札や貨幣のような有体物ではなく、データということです。

FIGURE 5 通貨とは「日本銀行券」と「貨幣」を指す

●**通貨の単位及び貨幣の発行等に関する法律**

　第二条　通貨の額面価格の単位は円とし、その額面価格は一円の整数倍とする。

　3　第一項に規定する通貨とは、貨幣及び日本銀行法（平成九年法律第八十九号）第四十六条第一項の規定により日本銀行が発行する銀行券をいう。

　第四条　貨幣の製造及び発行の権能は、政府に属する。

　3　貨幣の発行は、財務大臣の定めるところにより、日本銀行に製造済の貨幣を交付することにより行う。

●**日本銀行法**

　第四十六条　日本銀行は、銀行券を発行する。

　2　前項の規定により日本銀行が発行する銀行券（以下「日本銀行券」という。）は、法貨として無制限に通用する。

　第四十七条　日本銀行券の種類は、政令で定める。

ドルやユーロもCBDCを検討中だが課題は多い

FRB（米連邦準備制度理事会）やECB（欧州中央銀行）も検討を進めていますが、技術面やサイバー攻撃対策といったセキュリティ面だけでなく、議会や国民の理解などクリアすべき課題は多く残されており、具体的な導入時期は示されていません。

1 主要国はスイスを除き一般利用型CBDCの検討を進めている

国際通貨では、大規模パイロット実験を実施中の中国（2-4 ～ 2-8 節参照）だけでなく、基軸通貨であるドルや欧州のユーロや英ポンドも、日本同様、一般利用型（リテール）CBDC の検討を進めています。

興味深いことに、スイスは SNB（スイス国立銀行）のジョルダン総裁が 2024 年 4 月に「一般利用型 CBDC は既存の通貨システムを混乱させ、金融の安定に大きな悪影響を及ぼす。コストを上回るメリットを見いだせない」と発言するなど、距離を置く姿勢を見せています。スイスは暗号資産などデジタルアセットの民間エコシステム（経済圏）では世界をリードする立場だけに SNB の姿勢は民間との距離感という点でも興味深いといえます。スイスは当面ホールセール CBDC（wCBDC、1-25 節参照）の実証実験に注力するようです。

2 導入時期は明らかでない

先進国で具体的な導入時期を明らかにした国はありません。検討プロセスでいえば、ドルに比べるとユーロがやや進んでいます。

デジタルユーロについて、ECB は 2023 年 10 月に「調査（investigation）フェーズ」を終え、同年 11 月から「準備（preparation）フェーズ」に移行することを公表し、2024 年 6 月には準備フェーズの

最初の中間報告書を公表しています。また、欧州委員会は、2023年6月、デジタルユーロのEU（欧州連合）規制案を公表し、2024年2月には欧州議会で議論が開始されました。

デジタルドルについては、FRBは2022年1月に市中協議ペーパーを公表、2023年4月に市中協議でのコメントを踏まえた報告書を公表していますが、論点の整理が中心です。バイデン大統領は2022年3月、デジタルアセットに関する大統領令に署名しています。ただ、トランプ前大統領は、根拠や動機は必ずしも明確でないものの、「デジタルドルは自由への脅威」「デジタルドルは絶対阻止する」といった発言を繰り返しており、仮にトランプ氏が大統領に返り咲くことがあればCBDCの検討も停滞することは予想されます。

比較的検討が進んでいるユーロでも、プライバシーの保護、ユースケース（民間サービスとの棲み分け）、サイバー攻撃対策など課題は山積しており、検討には時間がかかる見通しです。

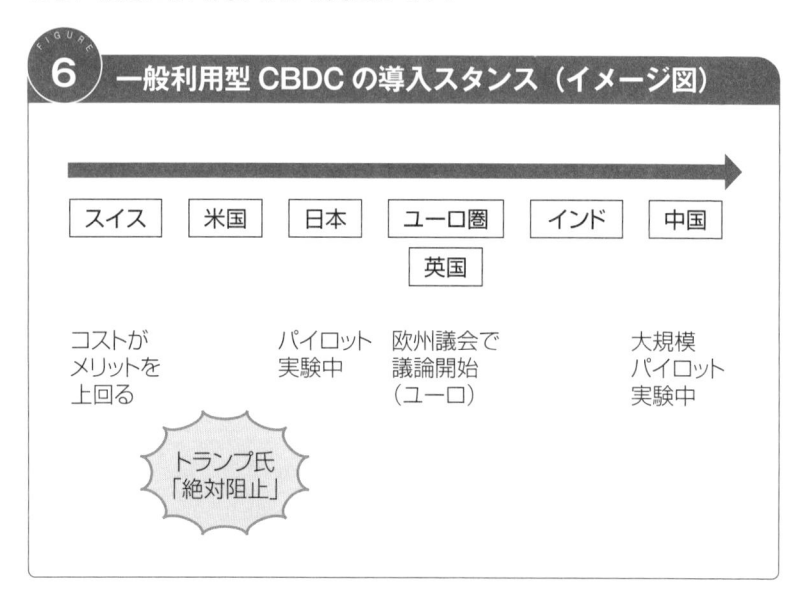

FIGURE 6 一般利用型 CBDC の導入スタンス（イメージ図）

6 デジタル人民元を意識する自民党

政府は日銀と協力しながら検討を進める姿勢です。財務省は2023年に有識者会議の報告書を出しました。自民党では金融調査会などが中国のデジタル人民元の動きを意識した提言を行っています。

1 デジタル人民元を強く意識した自民党

日銀は、2016年12月には欧州中央銀行（ECB）と共同で**分散型台帳技術**（DLT：46ページコラム参照）の共同調査（Project Stella）を開始するなど、デジタル通貨の基盤技術の基礎研究に着手しています（なお、このプロジェクトの研究対象は1-11節で取り上げる**ホールセールCBDC**です）。

また、日銀も参加する**国際決済銀行**（BIS、本部はスイス・バーゼル）のCPMI（**決済・市場インフラ委員会**）は、2015年11月に「デジタル通貨」報告書を公表しています。2020年1月には、主要中央銀行によるCBDCの活用可能性を評価するグループが作られ、日銀も参加します（1-27節参照）。

こうした中、中国では、2016年1月には中国版CBDC（**デジタル人民元**）の発行を検討している旨を公表、2017年に深圳に**数字貨幣**（デジタル通貨）**研究所**を設立、2020年には5都市で実証実験を開始するなど、先進国に先駆けた動きが見られています。

こうした中国の動きに危機感を抱いた自民党金融調査会や新国際秩序創造戦略本部は「CBDCの技術標準を中国に先に握られることは安全保障上の脅威になりうる」、「デジタル人民元導入の動きは、米ドルを中心とした既存の国際通貨システムを将来的に揺るがしかねない」といった中国を強く意識した提言を行っています。

7 自民党は中国の動きを強く意識

2020年6月 自民党金融調査会 提言	CBDC の技術標準を中国に先に握られることは安全保障上の脅威になりうる。このため、わが国が主導するかたちで、国際的な協調の中で CBDC の技術標準を構築していくことが重要である。
2020年7月 政府「骨太の方針」	中央銀行デジタル通貨については、日本銀行において技術的な検証を狙いとした実証実験を行うなど、各国と連携しつつ検討を行う。
2020年10月 日銀「取り組み方針」	概念実証フェーズ1は、2021年度の早い時期に開始することを目指している。
2021年5月 自民党新国際秩序 創造戦略本部中間 取りまとめ	中国による人民元の国際化も視野に入れたデジタル人民元導入の動きは、米ドルを中心とした既存の国際通貨システムを将来的に揺るがしかねない。 政府・日銀は、他国の CBDC の開発状況等について情報収集を行うとともに、各国とも連携しながら、先進国の CBDC として具備すべき特性や技術標準を検討すること。
2021年5月 自民党金融調査会 提言	CBDC 発行の意義と必要性については、ニューノーマル時代に相応しい決済システムの構築、わが国の通貨主権の確保、米ドルを中心とした国際通貨体制の維持といった点に整理される。
2021年6月 政府「骨太の方針」	CBDC について、政府・日銀は、2022年度中までに行う概念実証の結果を踏まえ、制度設計の大枠を整理し、パイロット実験や発行の実現可能性・法制面の検討を進める。
2023年6月 政府「骨太の方針」	CBDC について、政府・日本銀行は、年内目途の有識者の議論の取りまとめ等を踏まえ、諸外国の動向を見つつ、制度設計の大枠を整理し、発行の実現可能性や法制面の検討を進める。
2023年12月 財務省「有識者会 議取りまとめ」	本取りまとめは、我が国において CBDC を導入することを予断するものではないが、（中略）仮に導入する場合に考えられる制度設計上の主要論点に関する基本的な考え方や選択肢等を明らかにする観点から、本有識者会議としての議論の結果を取りまとめたものである。

2　財務省は2023年12月に有識者会議取りまとめを公表

　政府も、2020年7月の「**骨太の方針**」でCBDCについて「日本銀行において技術的な検証を狙いとした実証実験を行うなど、各国と連携しつつ検討を行う」と言及し、2020年10月に日銀は「取り組み方針」を公表します。

　2023年12月には、財務省が、CBDCを「仮に導入する場合に考えられる制度設計上の主要論点に関する基本的な考え方や選択肢等を明らかにする」有識者会議取りまとめ報告書を公表しています。

　また、関係省庁の局長級・日銀理事による「CBDCに関する関係省庁・日本銀行連絡会議」が設置され、議論を進めていくことになりました。

財務省を中心に、
政府は日銀と検討を
進める。

▲財務省 by Dick Thomas Johnson

キャッシュレス決済手段は
すでに多数

CBDCは現金を使わずに決済を完了させる手段なのでキャッシュレス決済手段といえます。日本ではすでに様々なキャッシュレス決済手段が使われています。

1 日本のキャッシュレス決済の主役はクレジットカード

クレジットカード会社 JCB が全国 20 代から 60 代の男女 3,500 人を対象にした調査（2022 年 9 月）によると、86%の人が**クレジットカード**を保有し、平均保有枚数は 3 枚、世帯当たりの月平均利用額は 7.3 万円とのことです。20 代でも 77%、60 代では 93%の人が保有しています。

電子マネー（「Suica」「PASMO」など交通系、「WAON」「nanaco」など流通系、「楽天 Edy」「iD」など非接触型 IC カード）は 75%、スマホを使った **QR コード決済**は 70%の人が保有しています。最近では電子マネーを非接触型 IC カードではなくスマホアプリで利用するケースも増え、QR コード決済との境目も曖昧になってきています。法的には、両者はともに前払式支払手段として**資金決済法**が適用されます（電子マネーは**証票型**、QR コード決済は**サーバ型**と名付けられています）。

タッチ決済は、クレジットカードをタッチするだけで支払ができる支払方法です。**デビットカード決済**は、支払によって即時に預金口座からの引落が行われる点で後払いのクレジットカードとは区別されます。デビットカードは欧米では広く普及していますが、日本ではクレジットカードの普及率と利便性が高いせいか、それほどでもありません。

2 支払金額によってキャッシュレス決済手段の使い分けがみられる

財務省の「通貨に関する実態調査」によると、高額決済にはクレジットカード、少額決済には現金やQRコード決済・電子マネーという使い分けがなされています。そもそも、QRコード決済や電子マネーはチャージ（残高）限度額が数万円に設定されていることも多く、高額決済には不向きです（ただし、本人確認を条件に上限を引き上げることも多くなっています）。

現金は少額決済での利用が多いですが、匿名性があることもあって高額決済にも相応に使われています。CBDCは1口座当たりの残高に限度額を設定するかなどの設計次第で使われ方が変わるかもしれません。

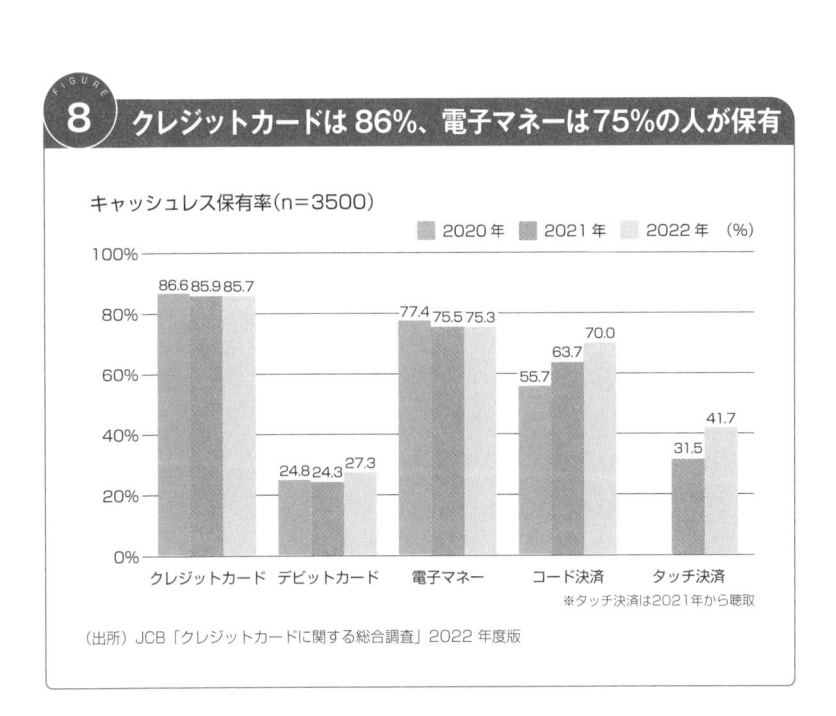

FIGURE

8 クレジットカードは86%、電子マネーは75%の人が保有

キャッシュレス保有率（n=3500）

■ 2020年 ■ 2021年 ■ 2022年 （%）

- クレジットカード: 86.6 / 85.9 / 85.7
- デビットカード: 24.8 / 24.3 / 27.3
- 電子マネー: 77.4 / 75.5 / 75.3
- コード決済: 55.7 / 63.7 / 70.0
- タッチ決済: 31.5 / 41.7

※タッチ決済は2021年から聴取

（出所）JCB「クレジットカードに関する総合調査」2022年度版

FIGURE 9

少額決済には QR コード決済・電子マネー、高額決済にはクレジットカードが使われている

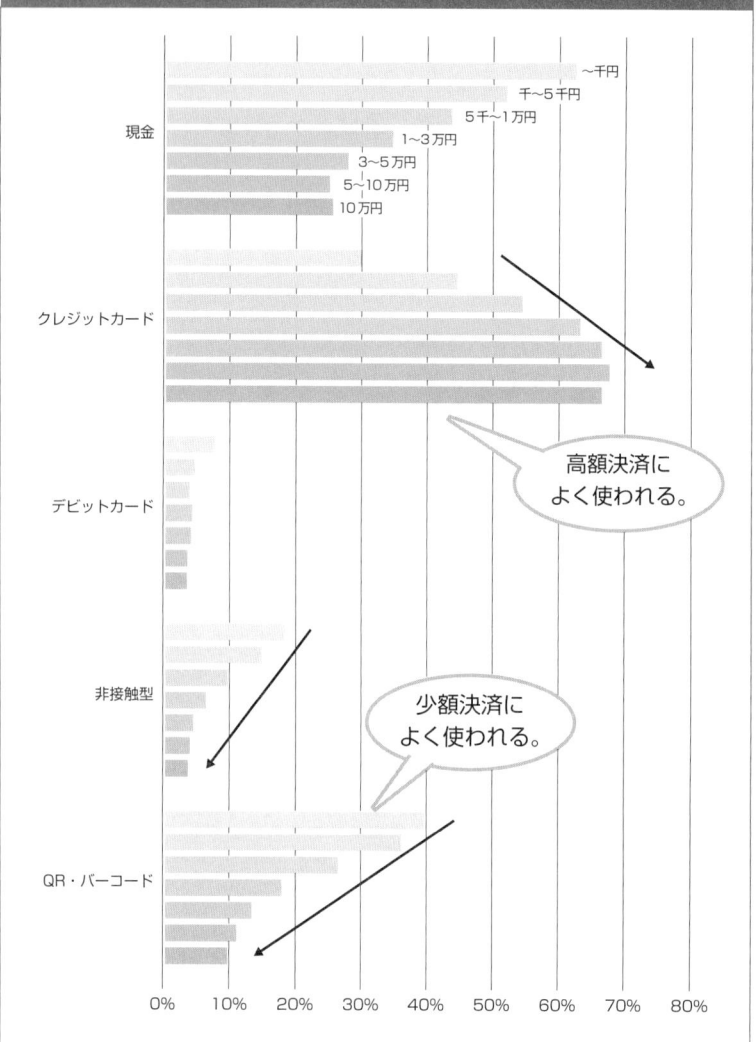

（注）日々の支払い等において、主にどのような決済手段を利用しているか、複数回答可として調査。
※なお、支払いの対象として「公共交通機関の支払い」は除いている。
（出所）財務省「通貨に関する実態調査（2023年）」

デジタル通貨の定義と通貨の3機能

デジタル通貨に厳密な定義はまだありません。キャッシュレス決済手段と同じ意味で使われることもあれば、暗号資産、ステーブルコイン、CBDCを指す狭い意味で使われる場合もあります。

通貨の3つの機能

　一般に、通貨には次の3つの機能があるとされます。①交換（支払）機能、②価値尺度機能、③価値保存（貯蔵）機能です。

　①交換（支払）機能とは、経済取引を円滑にする機能です。物々交換の経済では、例えば、ミカンを持っている人がメガネを買いたいとき、メガネを持っていて、しかもミカンを欲している人を探す必要があります。いわゆる**欲望の二重の一致***です。取引相手が見つかるにはかなりの偶然を必要としますので、**取引費用***は高くなります。このとき、現金のような通貨を媒介にして交換すれば、ミカンを売って現金を入手し、その現金でメガネを売っている人から買えばよいので、メガネを売っている人がミカンを欲している必要はなくなります。通貨は取引費用を節約し、経済取引を円滑にします。

　②価値尺度機能とは、ミカンやメガネなどあらゆる物の価値を「円」「ドル」といった通貨の尺度で表すことができることです。この場合、通貨の価値が安定していないとそれによって表される物の価値も大きく変動してしまいます。

　③価値保存（貯蔵）機能とは、通貨を現在使用せず、将来使うために蓄えておくこともできることをいいます。資産としての機能ともいえます。この場合も価値が大きく変動することは価値保存のうえでは望ましいとはいえません。

2 デジタル通貨が通貨の3つの機能をすべて満たしているとは限らない

　デジタル通貨には、まだ厳密な定義はありません。クレジットカードや電子マネー、QRコード決済などは、円という通貨をデジタルで支払う手段ですからデジタル通貨といってもおかしくありません。

　一方、ビットコインのような**暗号資産**（3-13節参照）、**ステーブルコイン**（3-16節参照）、CBDCを指してデジタル通貨と呼ぶ場合もあります。ただ、これも慣用的なもので、実際、通貨といっても、暗号資産などは通貨の3つの機能をすべて満たしているといえません。ビットコインなどの暗号資産は一般にその価値に裏付けとなるものがなく、ステーブルコインやCBDCに比べて、価値の変動が大きいからです。

FIGURE

10 通貨の3つの機能がすべて備わっているとは限らない

	現金・CBDC	クレジットカード	電子マネー	ビットコイン（暗号資産）	ステーブルコイン
交換（支払）機能	○	○	○	△ （注2）	○
価値尺度機能	○	× （注1）	× （注1）	× （注3）	○
価値保存（貯蔵）機能	○	×	○	△ （注3）	○

（注1）決済手段自体が価値尺度として機能しているわけではない
（注2）ビットコインを支払手段として受け入れる先はリアルな経済社会では限定的
（注3）暗号資産は価値変動が大きく、価値尺度としては向かないが、価値保存機能は一定程度ある（価格が大きく下落することもあるが、金融資産として保有する人も多い）

＊**欲望の二重の一致**　double coincidence of wantsのこと。
＊**取引費用**　transaction costのこと。

CBDCと民間デジタル決済手段の棲み分けはまだ見通せない

CBDCは法定通貨（法貨）として誰でも安心して使える決済手段ですが、民間が安全で便利なサービスを提供できればCBDCの利用を強制することはできません。CBDCと民間デジタル決済手段の棲み分けは難しい問題です。

1 CBDCの利用は強制できない

CBDC は中央銀行が発行するデジタル通貨で、安全な決済手段ですが、だからといって CBDC の利用が強制されるわけではありません。導入後も少なくともしばらくは現金が残りますし、クレジットカードや電子マネー、QR コード決済など民間デジタル決済手段も引続き使えます。

CBDC と民間の決済手段との関係は難問です。安全で利便性の高い決済手段があればそれが選ばれていくのは当然です。CBDC 導入後も CBDC と民間の決済手段がより安全で利便性の高いサービスを目指して競争していく姿が望ましいです。イノベーションを生み出す競争を阻害すると国民全体の損失となります。

2 CBDCと民間の棲み分けの姿は未知数

CBDC は中央銀行が発行する**法定通貨（法貨）**ですので、破綻して使えなくなることはありません。民間の決済手段も資金決済法など関連法令に基づいて金融庁が規制・監督していますが、破綻や事業継続のリスクがゼロとはいえません。

一方で民間は、ポイントの付与やアプリの使い勝手、金融以外のサービスとのシームレスな決済（**組込み型金融**などと呼ばれます）など利便性で勝負します。ただ、誰もが使える CBDC の使い勝手を改善することも大事ですから、これも競争です。

CBDC が民間を駆逐したり、逆にニッチな存在にとどまったりといった極端な姿は望ましくないといえますが、どこに望ましい均衡点があるのか、なかなか見通せません。

　また、CBDC は公共財としての性格もありますので、CBDC のシステムを構築・運用するコストを誰がどれだけ負担するかという問題もあります。

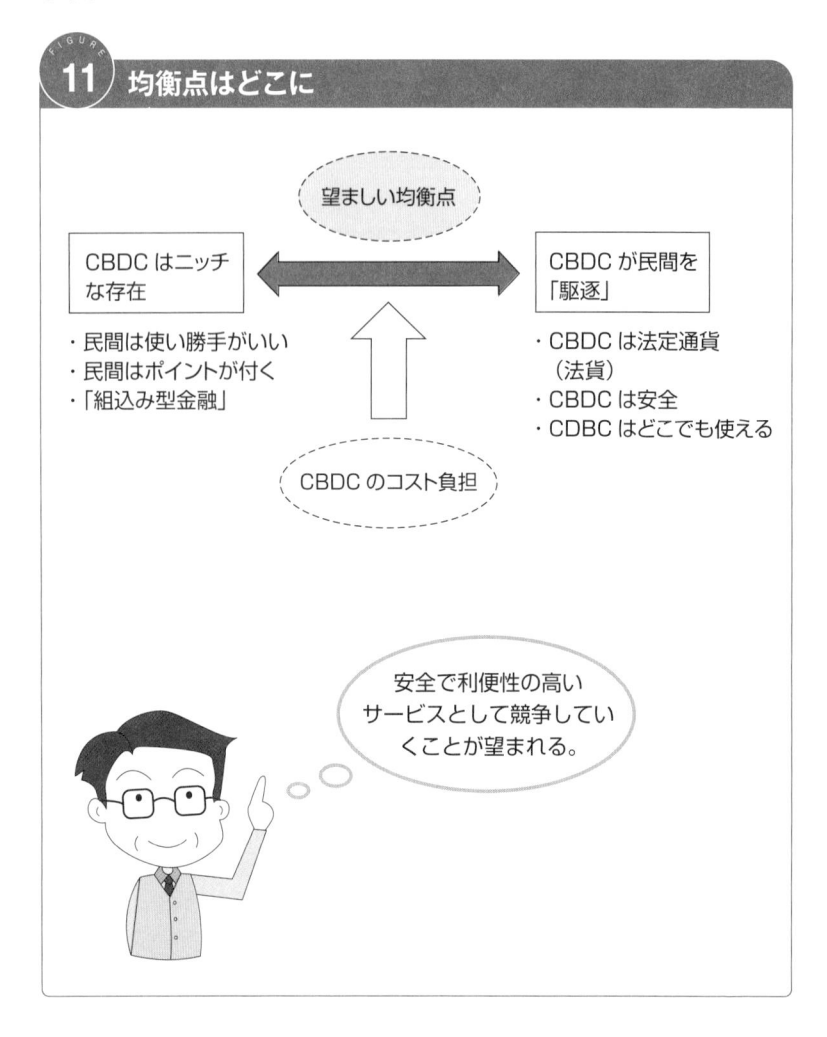

FIGURE 11　均衡点はどこに

望ましい均衡点

CBDC はニッチ
な存在

・民間は使い勝手がいい
・民間はポイントが付く
・「組込み型金融」

CBDC が民間を
「駆逐」

・CBDC は法定通貨
　（法貨）
・CBDC は安全
・CDBC はどこでも使える

CBDC のコスト負担

安全で利便性の高い
サービスとして競争してい
くことが望まれる。

CBDCはお札と同じ日銀の負債

銀行券（お札）と同様、直接の裏付けは日銀の資産になりますが、究極的には国の信用がよりどころです。

1 CBDCは中央銀行の負債

日常生活ではあまり意識しませんが、決済手段や金融商品を「誰が発行しているのか」「誰の負債か」という視点でみることは大切です。本書の冒頭（1-2節参照）で「金融取引は等価交換」であると強調しました。逆にいえば、リスクの異なる2つのものを交換するには価格で調整することで「等価交換」できるようにします。

その意味で「ATMで現金を引き出す」という取引は、「民間銀行に預けている預金」と「お札」を等価交換しています。「民間銀行に預けている預金」は預金者の金融資産であると同時に民間銀行の負債です。一方、「お札」は日銀の負債です。

なぜ「民間銀行の負債」と「日銀の負債」が等価交換できるのかは後で詳しく説明しますが（3-8節参照）、一言でいえば、民間銀行の負債が中央銀行の負債と等価交換できるように、民間銀行が政府（金融庁）や日銀から規制や監督を受けているからです。

CBDCも「お札」と同様、日銀の負債です。日銀が破綻することは想定されていませんので、安全性の高い支払手段といえます。

2 CBDCの安全性は究極的には国の信用がよりどころ

CBDCが導入されると、日銀のバランスシート（B/S）の負債にある「発行銀行券」が「CBDC」にシフトしていきます。もし民間銀行の預金がCBDCにシフトすると民間銀行が日銀に預けている「当座預金」からも「CBDC」にシフトするかもしれません。

いずれにせよ、日銀の B/S の負債項目の中でのシフトです。

一方、日銀はそうした負債に見合う資産を保有しています。国債や民間銀行などへの貸付金などです。安全性の高い資産で運用されていますので、CBDC の安全性は一義的にはそうした安全性の高い日銀の資産が裏付けということになります。

ただ、日銀の信用は究極的には国の信用がよりどころです。国が適切な経済運営を行い、国の経済が健全であることが、お札や CBDC の価値を決めることになります。

FIGURE 12　日銀のB/S

資産		負債・純資産	
金地金	0.4	発行銀行券	121
国債	599	当座預金	536
貸付金	101	その他	97
その他	58	資本金準備金	4
資産計	758	負債・純資産	758

（単位：兆円、2024年2月20日現在）

> 通貨は負債項目で日銀や国の信用が裏付けとなる。

CBDCには一般利用型と
ホールセール型がある

CHAPTER
1
11

CBDCには利用者によって一般利用（リテール）型とホールセール型があります。また、発行形態では直接型と間接型、口座型とトークン型があります。

1 金融機関などの間で大口の資金のやりとりにCBDCを使うアイデアもある

本書では、個人が日常生活で行う小口で高頻度の支払いに利用するCBDCを前提に話を進めてきました。個人や企業など幅広い経済主体が小口の支払いに利用するCBDCを**一般利用型**、**リテール**（retail）型といいます。

一方、金融機関などの間で大口の資金のやりとりを行う際にCBDCを使うアイデアもあります。これを**ホールセール**（wholesale）型のCBDCといい、一般にイメージされるCBDCと区別する意味で「**wCBDC**」と表記されることもあります。

2 発行形態では概念的には4類型があり得る

CBDCを発行するのは中央銀行（日本でいえば日銀）であり、中央銀行の負債である点は共通ですが、具体的な発行形態としては4類型があり得ます。

まず、CBDCを中央銀行が直接供給する**直接型**と仲介機関を介して間接的に供給する**間接型**です。仲介機関を介しても仲介機関の負債ではなく、あくまで中央銀行の負債です。

また、中央銀行もしくは仲介機関に利用者が口座を開設して支払を行うと口座残高が引き落とされ、入金があると残高が増える**口座型**と中央銀行もしくは仲介機関からデータの移転を受け、利用者間でもデータを

授受することで支払いを行う**トークン型**があります。

　wCBDCは金融機関などの間での資金決済を扱いますので、基本的には直接型がイメージされます。一方、一般利用型については、多くの先進国では間接型、口座型を主軸に検討されています。

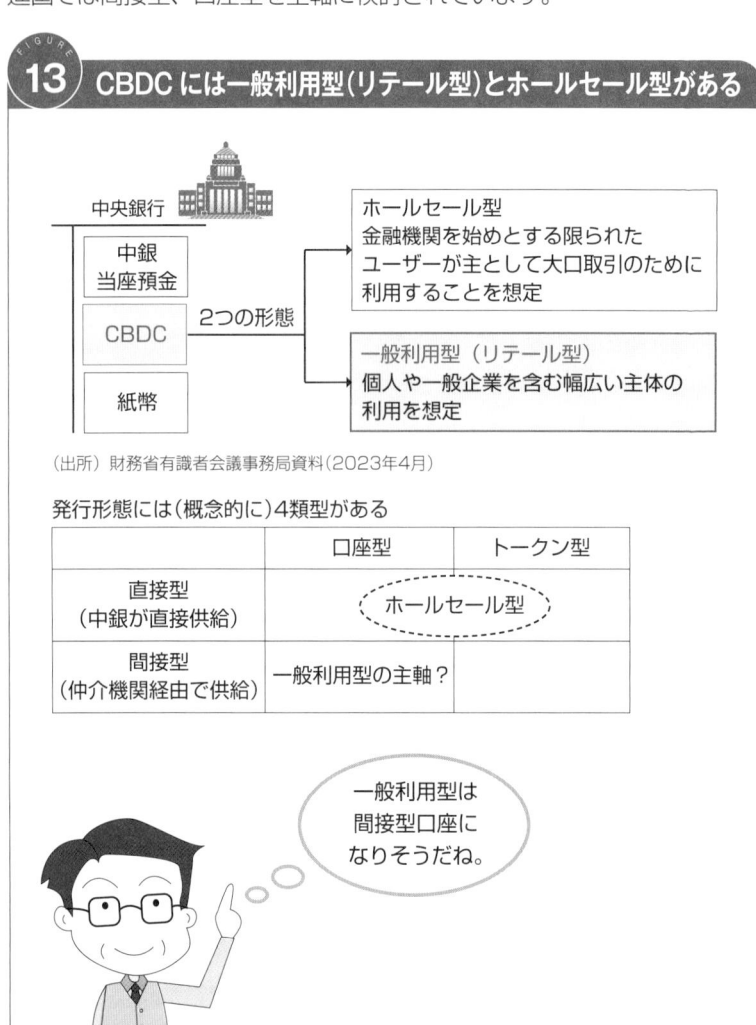

13　CBDCには一般利用型（リテール型）とホールセール型がある

中央銀行

中銀
当座預金

CBDC

紙幣

2つの形態

ホールセール型
金融機関を始めとする限られた
ユーザーが主として大口取引のために
利用することを想定

一般利用型（リテール型）
個人や一般企業を含む幅広い主体の
利用を想定

（出所）財務省有識者会議事務局資料（2023年4月）

発行形態には（概念的に）4類型がある

	口座型	トークン型
直接型 （中銀が直接供給）	ホールセール型	
間接型 （仲介機関経由で供給）	一般利用型の主軸？	

一般利用型は
間接型口座に
なりそうだね。

12 法定通貨は強制通用力を持つ

法定通貨とは国家により強制通用力を与えられた通貨を指します。誰でもどこでも支払手段として使えることで一般受容性を持つとされます。

1 法定通貨（法貨）の背後には国家

法定通貨*とは、支払（債務の弁済）として法的に有効であることを国家が保証するという**強制通用力**を有する通貨をいいます。強制通用力があるため、支払を受け取る側（弁済を受ける側）は受け取りを（原則）拒否できません。ただし、当事者間が合意すれば別の手段で支払うことを妨げるものではありません。

日本では、日本銀行券には無制限の強制通用力が付与されています。3万円の支払いを1万円札3枚で支払うのではなく、千円札30枚で支払うことも有効です。

一方、貨幣については、法貨として通用するのは額面金額の20倍までという規定があります。したがって、3千円の支払いを百円玉30枚で支払おうとしても、受け取りを拒否できることになります。貨幣について無制限の強制通用力を認めると受け取る側の利便性を損なうためです。もちろん、任意で受け取ることは妨げられません。

2 一般受容性は法貨だけでないが、実現は簡単でない

強制通用力に近い概念として**一般受容性**があります。一般受容性とは、支払手段が誰にでも受け取ってもらえることを指します。法的な概念ではありませんが、通貨が広く流通する属性として大切です。

***法定通貨** legal tenderのこと。**法貨**ともいう。

法貨は強制通用力を持っていますので、一般受容性を持っているといえます。ただ、原理的には一般受容性のある支払手段は法貨に限られません。例えば、中国の WeChatPay や Alipay などの民間デジタル（QRコード）決済手段は、中国のほとんどの人が持ち、ほとんどの場所で使えますので、一般受容性を持っていると考えてもよいと思います。

　日本の民間デジタル決済手段ではまだ一般受容性を持つと評価できるほど幅広く使えるものは見当たりません。事業者が加盟店開拓を急ぐのは一般受容性を獲得しようとする動きとみることができます。

FIGURE 14　法定通貨とは

強制通用力

支払（債務の弁済）として法的に有効であることを国家が保証しているため、支払を受け取る側（弁済を受ける側）が受け取りを拒否できないこと。ただし、当事者間の合意で別の方法で支払を行うことは妨げられません。

●日本銀行法

> 第四十六条　日本銀行は、銀行券を発行する。
> 2　前項の規定により日本銀行が発行する銀行券（以下「日本銀行券」という。）は、法貨として無制限に通用する。

●通貨の単位及び貨幣の発行等に関する法律

> 第七条 貨幣は、額面価格の二十倍までを限り、法貨として通用する。

一般受容性

支払手段として誰にでも受け取ってもらえること。法的な概念ではないが、強制通用力を持つ法貨は一般受容性を持っているといえる。

× 加盟店のみに使える電子マネーや QR コード決済は一般受容性がない

CBDCは法定通貨になる

CBDCは現金同様、法定通貨となると見込まれます。そのために、受け取りを拒否する、あるいは受け取れない小売店などが出ないような環境整備も必要になります。

1 CBDCは法貨として強制通用力を持つ

CBDCは現金同様、法定通貨として強制通用力を持つことが見込まれます。CBDCの発行には法改正が必要ですが（1-4節参照）、その際、強制通用力についても規定が設けられるとみられます。

CBDCは貨幣のように物理的な形を持ちませんので、受け取る側の利便性の観点から金額に制限を設ける（1-12節参照）必然性には乏しいですが、小口の決済手段という位置づけですので、例えば、1億円をCBDCで支払うことが妥当かどうかは、政策的な観点から検討を要します。

また、CBDCは（ちょうど銀行券をATMで引き出す際に、自分の銀行預金を引き落として引き出すように）銀行預金を引き落として入手する（CBDCの残高を増やす）ことが多いわけですが、銀行預金からCBDCに多額のシフトが起きると、銀行の機能にも影響が及びます。銀行預金は銀行の負債ですが、CBDCは中央銀行の負債ですので、仲介機関として口座を開設していても、CBDCの残高を見合い*に貸出を行うことはできないからです。こうした点からもCBDCの残高には上限を設ける必要があるとの考え方があります。

---

*見合い 「CBDCの資金で貸し出しを行う」という意味。

2 強制通用力があるといってもCBDCをやりとりできる環境は必要

CBDCの残高に上限が設けられるかどうかはともかく、CBDCに法貨として強制通用力が付与されることは間違いありません。ただ、システムの仕様・要件にもよりますが、導入当初からすべての人や事業者がCBDCのやりとりができる環境にあるとは限りません。強制通用力があるとはいっても、現金しか受け取らない小売店が出ることも予想*されます。

したがって、そうした小売店などが出ないような環境整備を行い、CBDCの強制通用力と一般受容性を高めることが必要になります。

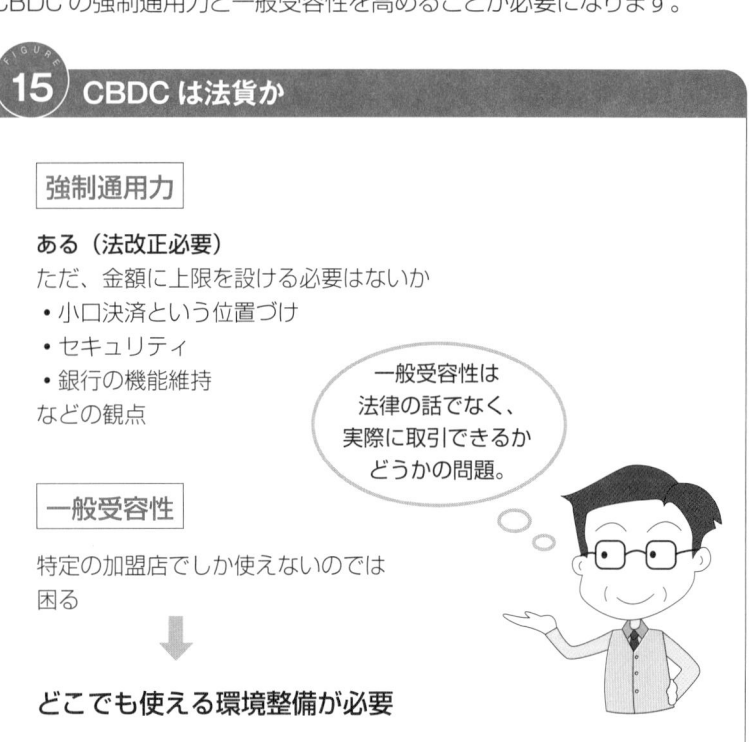

FIGURE

15 CBDC は法貨か

強制通用力

ある（法改正必要）
ただ、金額に上限を設ける必要はないか
- 小口決済という位置づけ
- セキュリティ
- 銀行の機能維持
などの観点

一般受容性は
法律の話でなく、
実際に取引できるか
どうかの問題。

一般受容性

特定の加盟店でしか使えないのでは
困る

⬇

どこでも使える環境整備が必要

---

*…**ことも予想** この場合、「当事者間で現金で支払うことに合意した」という解釈になる。

CBDCには決済完了性 (ファイナリティ) がある

> 決済完了性とは支払による債務の弁済が無条件かつ巻き戻ることがなく、最終的に確定することを指します。現金による支払や中央銀行の当座 (準備) 預金による決済には決済完了性があるとされています。CBDCにも現金同様、決済完了性があります。

1 決済完了性とはあとから支払が巻き戻されたりしないこと

決済完了性 (finality : ファイナリティ) とは、一度行った支払 (債務の弁済) に条件が付されておらず (unconditional)、事後的に巻き戻ることがなく (irrevocable)、その時点で支払が最終的に確定する (final) ことをいいます。

例えば、取引相手が破産や倒産手続に入った結果、取引が否認されたり、取り消されたりする可能性があります。その場合、支払が巻き戻されることもあり得ます。現金による支払は後から巻き戻ることはない決済完了性のある支払手段とされています。

また、金融機関間の資金決済が行われる中央銀行の当座 (準備) 預金による決済には決済完了性があるとされます。いずれも、支払の巻き戻しを認めると影響が大きく、取引の安全を著しく害したり、システミックリスク (金融システム全体に波及するリスク) を引き起こしたりするためです。

2 決済完了性を法律で明文化する国も

現金や中央銀行の当座預金決済の支払完了性はどの国でも尊重されているといえますが、法律で明文化する国もあります。例えば、EU (欧州連合) は1998年に決済ファイナリティ指令*を制定しました。「指令

（Directive）」とは欧州議会が議決した法令で加盟国は国内法化（transposition）する義務を負います。同指令は決済完了性を認める決済システムの指定やネッティング（相殺）の有効性などを規定しています。

　日本では、決済完了性を直接規定する法律はありませんが、**一括清算法**（金融機関等が行う特定金融取引の一括清算法）は EU 指令と共通する内容を多くカバーしています。

　CBDC についても現金同様決済完了性が認められる方向ですが、現金のようにお札を渡せば支払が完了するのと異なり、CBDC の本質はデータですので、どの時点で決済完了性を認めるかを明確にする必要があります。ユーロ圏の CBDC（**デジタルユーロ**）の規則案には決済完了性に関する規定があります。

FIGURE

16 決済完了性（ファイナリティ）

「デジタルユーロ」EU 規制案における決済完了性の規定

無条件（unconditional）　　巻き戻らない（irrevocable）

第 30 条（デジタルユーロによる支払取引の決済）
1. オンラインおよびオフラインのデジタルユーロの支払取引は即時に決済される
2. オンラインでの支払は、デジタルユーロの決済インフラで支払人から受取人に移転の記録がなされた時点で最終決済（final settlement）となる
3. オフラインでの支払は、支払人と受取人双方のローカルデバイスのストレージにあるデジタルユーロ保有高の記録が更新された時点で最終決済となる

（筆者訳）

＊**決済ファイナリティ指令**　Directive on settlement finality in payment and securities settlement systemsのこと。

15 CBDCが発行されても現金（銀行券）はなくならない

日銀は、CBDCを発行しても、現金に対する需要がある限り、現金の供給を続けていくと説明しています。

1 CBDCと現金（銀行券）は共存する

日銀は、2020年10月に公表した「中央銀行デジタル通貨に関する日本銀行の取り組み方針」で「現金に対する需要がある限り、日本銀行は、現金の供給についても責任をもって続けていく」と表明しています。また、2023年12月に財務省が公表した「CBDCに関する有識者会議取りまとめ」においても、「CBDCと現金は、当分の間、共存していくことになる」としています。

現金には完全な匿名性や災害時でも簡単に使えるといった利便性があります（1-17節参照）。また、CBDCが想定するスマホ決済などに慣れない高齢者もいらっしゃるでしょう。日本のように現金への信頼が厚い国であればなおさらです。

財務省の報告書には「当分の間」とありますが、一方で、同報告書は「CBDCは現金を代替するものではなく、相互に補完するものと考えることが基本である」と結論付けています。この結論は「現金の特性をCBDCで再現できなくてもCBDCの導入を先に進めることができる」というロジックにも読めますが、相互補完と位置付けられた以上、現金が簡単になくなることはないでしょう。

17 どの国も CBDC を導入しても現金はなくさない

	主な見解
日本（日銀）	現金に対する需要がある限り、日本銀行は、現金の供給についても責任をもって続けていく。「中央銀行デジタル通貨に関する日本銀行の取り組み方針」（2020 年 10 月）
日本（財務省有識者会議）	CBDC は現金を代替するものではなく、相互に補完するものと考えることが基本である。「有識者会議取りまとめ」（2023 年 12 月）
欧州委員会	The digital euro should complement euro banknotes and coins and should not replace the physical forms of the single currency. As legal tender instruments, both cash and digital euro are equally important.（デジタルユーロはユーロ銀行券や貨幣を補完するもので、物理的な形態のユーロ通貨に取って代わるものではない。法貨として、現金とデジタルユーロは同様に重要である）「EU 規則案」（2023 年 6 月）
ECB（欧州中央銀行）	A digital euro would exist alongside euro cash and other electronic means of payment, offering additional freedom of choice to end users.（デジタルユーロは現金や他の電子的支払手段と共存し、利用者にさらなる選択の自由を提供するだろう）「デジタルユーロ調査フェーズ報告書」（2023 年 10 月）
米国（FRB）	The Federal Reserve is committed to ensuring the continued safety and availability of cash and is considering a CBDC as a means to expand safe payment options, not to reduce or replace them.（連邦準備制度は現金の安全性と利用可能性を継続して確保することにコミットしており、CBDC を安全な支払手段の選択肢を拡げるものであり、選択肢を減らしたり、それに取って代わるものではないと考えている）「通貨と支払：デジタルトランスフォーメーションの時代のドル」（2022 年 1 月）
スウェーデン（中央銀行）	Cash is essential for digitally and financially excluded consumers.（現金はデジタルや金融から疎外された消費者にとって必要不可欠である）「政府提案へのコメント」（2023 年 10 月）

（注）訳は筆者による

2 他の先進国でも現金廃止を決めた国はない

　他の先進国でも現金廃止を決めた国はありません。例えば、欧州委員会が2023年6月に公表したデジタルユーロに関するEU規則案では「法貨として、現金とデジタルユーロは同様に重要である」としています。また、米国でも中央銀行に当たるFRBは「現金の安全性と利用可能性を継続して確保することにコミットしている」としています。

　先進国の中で現金の利用が急速に減少していることでCBDCの導入に当初は最も積極的であったスウェーデンでも「現金はデジタルや金融から疎外された消費者にとって必要不可欠である」として、生活必需品の購入などで現金の支払の受け入れを義務付ける法制化を提案しています（2-15節参照）。

◀スウェーデン・クローナ

◀スウェーデン国立銀行

データ管理の「集中型」と「分散型」

　ネットワーク上でデータを記録し管理する技術には大きく**集中型**と**分散型**があります。「集中型」はネットワーク上のデータベースサーバーでデータを集中管理する方式で記録は中央のデータベースにしかありません。一般にデータ処理が高速で効率的なデータ管理ができるメリットがあります。

　一方、**ブロックチェーン**や**分散型台帳技術**（**DLT**：Distributed Ledger Technology）と呼ばれる技術は、中央で管理するデータベースは存在せず、ネットワークで分散管理される「帳簿（ノード）」にデータを記録・管理する方式です。ネットワーク上の「帳簿」に同一のデータが記録されるための検証プロセスが必要ですので、どうしても「集中型」のデータベースよりも処理速度がかかりますが、高速化の技術も着実に進歩がみられています。

　ブロックチェーンの最大のメリットはサイバー攻撃に対する耐性です。集中型では中央のデータベースに侵入されると全体の機能が麻痺してしまいますが、分散型のブロックチェーンでは、あるノードが攻撃されても別のノードに真正なデータが記録されていますので、ネットワーク全体でデータが失われるリスクは低くなります。また、構築コストが中央データベースに比べて安く済むのもブロックチェーンの利点の１つです。

「集中型」
（中央データベース）

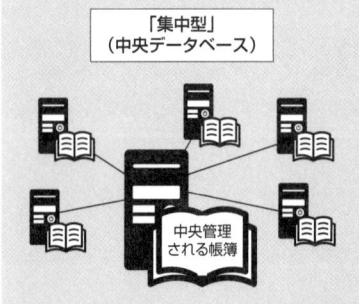

中央管理
される帳簿

「分散型」
（ブロックチェーン）

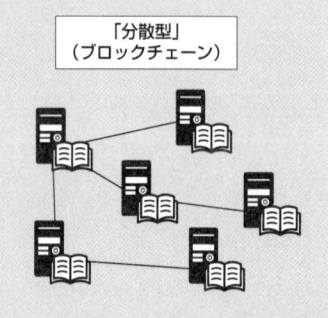

キャッシュレス化が進んでも
銀行券の発行も増加

長期のデフレと低金利で金融資産を保有するメリットが小さく、現金を持つメリットが大きくなったのが原因です。

1 キャッシュレス化の進展にかかわらず銀行券の
発行は増加

　銀行券がどれだけ市中に出回っているかは、日銀が公表している「**通貨流通高統計**」をみることでわかります。銀行券は銀行が日銀に預けている当座（準備）預金と引き換えに必要な分だけ発行され、必要なくなれば銀行が日銀に還流させます。市中に出回っている流通高が増えるということは、新たに発行される銀行券の金額が日銀に戻ってくる金額より多いことを意味します。

　実際、銀行券の流通高はほぼ一貫して増加を続けています。流通高を経済規模（名目GDP）対比でみても、80年代までは概ね7～8％の伸び率だったものが現在では2割を超えるところまで増えています。キャッシュレス化が進んでいるようにみえるのに、現金は減るどころか増え続けているのです。

日本銀行券の流通高

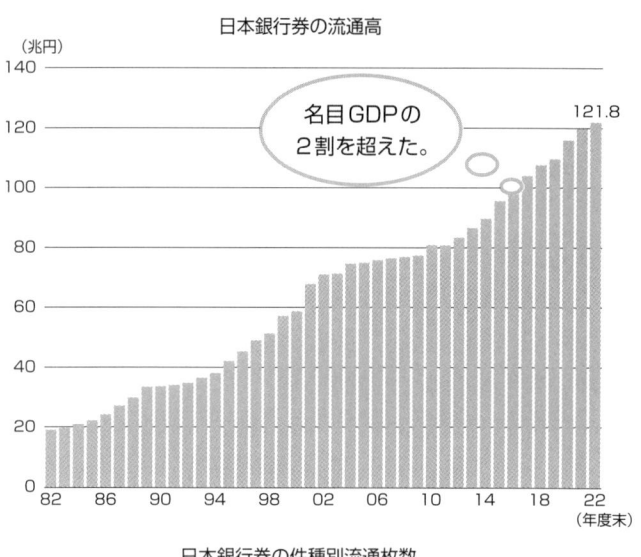

（兆円）

名目GDPの
2割を超えた。

121.8

（年度末）

日本銀行券の件種別流通枚数

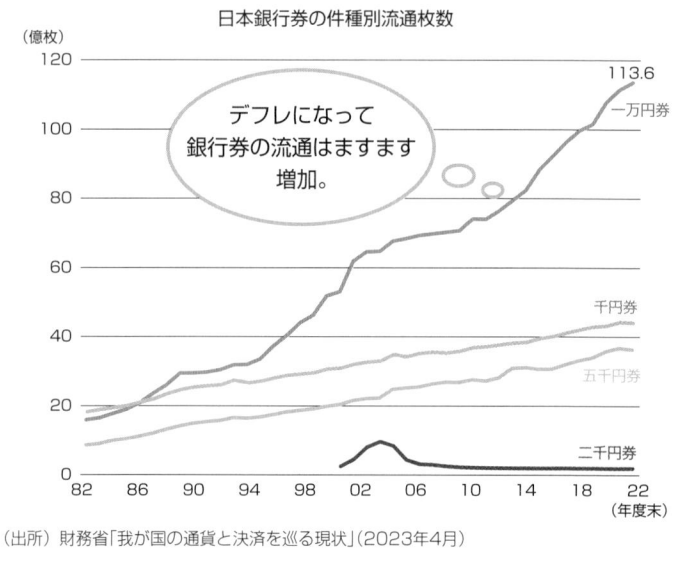

（億枚）

デフレになって
銀行券の流通はますます
増加。

113.6
一万円券

千円券

五千円券

二千円券

（年度末）

（出所）財務省「我が国の通貨と決済を巡る現状」（2023年4月）

2 現金の「機会費用」が小さかった

　この一見矛盾する謎を解くカギは**機会費用**という考え方にあります。機会費用とは、「家計や企業などの経済主体がある選択をすることで獲得できなかった（別の選択で得られたはずの）利益」といった意味です。現金の例でいえば、「銀金を保有する」という選択をするということは、その金額の「預金をする」「株式投資をする」という選択を諦めることを意味します。

　20年以上に及ぶ長期のデフレで預金金利はほぼゼロ%になりました。預金を諦めて現金を保有する機会費用が小さくなり、「どうせ預金しても大した利子がつかないなら現金を保有しよう」と考えた人が増えたとみられます。デフレ期は株価もさえないことが多く、現金保有の方が安全と考えた人も多かったとみられます。

COLUMN
マイナス金利で現金シフト

　2016年1月に日銀がマイナス金利政策を採用してからは、実際に預金金利がマイナスになることはなかったものの、個人用の金庫がよく売れたことに象徴されるように、現金へのシフトがみられました。現金には匿名で支払ができるというメリットもありますので、高額券種である一万円札を中心に現金保有を選択した人が多かったようです。

CHAPTER
1
17

CBDC発行後は現金から CBDCにシフトが見込まれる

CBDCが発行されても銀行券は残りますが、経済のデジタル化の進展に伴いCBDCへのシフトは進むと考えられます。

1 デフレが終われば銀行券流通高も減少に転じる可能性も

1-16節でみたように、銀行券流通高はほぼ一貫して増加を続けてきました。単に金額が増えただけでなく、経済規模対比でみても増加を続けてきました。その最大の理由は「現金保有の機会費用が小さかったこと」と考えられます。

ようやくデフレ脱却の道筋がみえ、金利もゆっくりでありますが上がり始めています。定期預金の金利を引き上げる金融機関も出てきました。現金保有の機会費用の面からみても、預金や他の金融商品へのシフトなどを通じて、銀行券流通高が減少に転じる可能性もあります。

2 現金からCBDCにシフトしてもデメリットは小さい

そもそもCBDCの導入は、経済のデジタル化に対応するためです。CBDCは導入されても現金はなくなりませんが（1-15節参照）、キャッシュレス決済手段も身近になってきていますので、将来CBDCが導入される頃には、利用者がCBDCを利用する抵抗感は小さいとみられます。銀行券もCBDCもともに日銀の負債ですので、安全性にも違いがありません。

現金による支払には匿名性がありますが、CBDCの本質はデータですので、完全な匿名性を実現できるかはわかりません（4-15節参照）。

その意味で現金による支払にメリットを感じる利用者が一定数存在することは予想されますが、クレジットカードなど匿名性がない支払手段も広く利用されていることを考えると、完全な匿名性がないから CBDC を利用しないという利用者は限定的とみられます。

そもそも完全な匿名性という現金の特性は、それがマネー・ローンダリング（資金洗浄）につながる側面もあるので、そもそも目指すべき望ましい特性なのかも議論の余地があります。

CBDC にはハンドリング（運搬・流通）コストや紛失リスクがないという現金にはないメリットもあります。もちろん、スマホなどデジタル決済ならではの利便性、例えば、家計簿アプリとの連携やオンラインショッピングなどとの連携（支払・決済までをシームレスに行える組込み型金融など）も設計次第では可能です。デジタル・ネイティブな世代はもちろん、スマホに慣れ親しんだ多くの人々にとって、CBDC は違和感なく受け入れられるのではないでしょうか。

FIGURE 19 現金（銀行券）と CBDC の比較

	現金（銀行券）	CBDC
メリット	・匿名性 ・マイナス金利の影響を受けない ・停電や災害時でも影響を受けない	・スマホ決済 ・支払履歴の活用（家計簿アプリ） ・組込み型金融など（設計次第）
デメリット	・ハンドリングコスト ・紛失コスト	・完全な匿名性は難しい可能性 ・オフライン決済への対応
共通点	・安全性（中央銀行の負債） ・支払完了性（ファイナリティ） ・一般受容性（幅広く使える） ・利用は原則無料	

日銀は破綻しないので
CBDCの額面は安全

日銀が破綻することはありませんが、他の通貨（ドルやユーロなど）との相対的な価値が変動するのは現在の銀行券と同じです。

1 CBDCが支払い不能になることはない

CBDC の安全性といえば、「データが改ざんされたり、使えなくなったりすることはないか」といった技術面の安全性と、CBDC の価値の安全性（安定性）が破綻するなどしてその価値の安全性（安定性）の2つの側面があります。前者は次の 1-19 節で扱うこととして、ここでは後者の問題を扱います。

CBDC は中央銀行（日銀）が発行します。日銀が破綻することはありません。日銀は銀行券の発行量（流通高）をコントロールすることはできませんが（1-20 節参照）、もう 1 つの負債である当座（準備）預金の額は自らコントロールできます。民間銀行との間で国債の売買や貸出などを行うことで当座預金の額を増減することができるのです。

当座預金は、日銀と金融機関との間の取引の決済だけでなく、金融機関間の取引の決済にも使われる金融システムにとって最も重要で安全性の高い決済手段です。その当座預金の額を日銀がコントロール（調節）することで、金融システム全体で流通するお金の量（流動性）を変化させ、金利などに影響を与えることができます。中央銀行はこのように自ら流動性を創り出せますので、資金繰り破綻を起こしたり、支払い不能になったりすることはありません。

また、中央銀行は、状況によっては一時的に赤字になることはありますが、長い目でみた財務面での安全性は高いと考えられます（1-20 節参照）。

2 円の価値は他の通貨との関係で変化する

このように CBDC の額面の価値の安全性は高いですが、通貨としての円の価値は他の通貨との関係で相対的に変化します。これは CBDC だけでなく、銀行券、銀行預金、円建ての金融資産などに共通の話です。

通貨としての円の相対的な価値をみる指標に**実質実効為替レート**というものがあります。各通貨の貿易取引相手国のウエイトやインフレ率の違いなどを勘案して算出した指標です。これをみると、円は 90 年代半ばから多少の上下はあるものの、トレンドとしてその価値を低下させているのに対し、人民元は上昇、ドルやユーロは相対的に安定という構図がみえてきます。

通貨としての円の価値を上昇させるには、日本経済の実力や国際競争力を引き上げるしかありません。

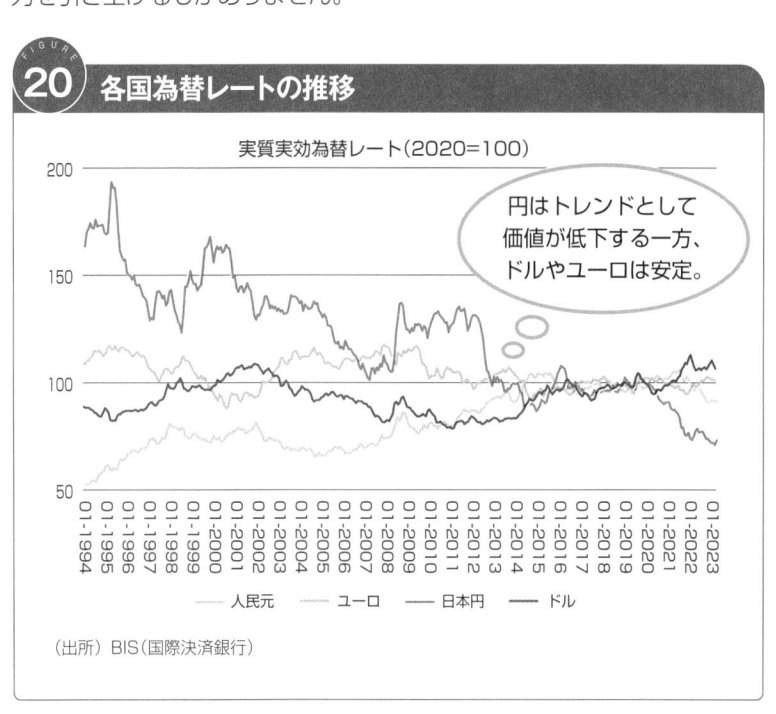

FIGURE
20 各国為替レートの推移

実質実効為替レート（2020＝100）

円はトレンドとして
価値が低下する一方、
ドルやユーロは安定。

（出所）BIS（国際決済銀行）

凡例：人民元 ── ユーロ ── 日本円 ── ドル

サイバー攻撃や量子コンピュータに対応したセキュリティが必須

日銀はサイバー攻撃などセキュリティ対策に万全を期すでしょうが、万が一に備える必要もあります。量子コンピュータなど新たな脅威にも対応が必要です。CBDCの脆弱性は国の威信にも関わります。国のITの実力が問われます。

1 セキュリティでCBDCへの信頼は一気に崩れかねない

CBDC が直面するセキュリティの脅威は数多くあります。サイバー攻撃で CBDC システムへの侵入を許し、データが改ざんされるようなことがあれば、利用者の CBDC への信頼は一気に崩れかねません。これは単に CBDC だけの問題ではなく、通貨システムひいては日本への信頼に関わってきます。

他にも、不正利用、偽造、二重利用など CBDC データの真正性を脅かす問題、システム障害、通信障害などサービスの継続性を脅かす問題などセキュリティ対策として検討すべき問題は多岐にわたります。

さらに、災害時の対応も広い意味でセキュリティに関わる問題といえます。

2 量子コンピュータなど新たな脅威にも対応が必要

技術進歩は新たなサービスや機能を生みますが、同時にセキュリティ上の脅威にもなります。例えば、量子コンピュータは、その計算性能が向上すれば、いずれ既存の暗号を破る可能性があるとされています。CBDC 導入される際には、こうした高い計算性能を持つ量子コンピュータでも破られない暗号（ポスト量子暗号）を実装する必要があるでしょう。

　様々なセキュリティ上の脅威に対し、最新の技術を用いて、データ暗号化、電子署名や物理的な安全対策など様々な対応が図られると思いますが、量子コンピュータなど新たな脅威は次々と生まれてきます。

　さらに、セキュリティ対策は日銀の仕事だけではありません。利用者が口座を開設する仲介機関、利用者の端末などサイバー攻撃の入り口になり得るあらゆる関係者にセキュリティ対策が求められます。すなわち、システム全体のセキュリティという視点が大切です。システム全体の堅牢性や冗長性を確保する必要があります。

　セキュリティ対策に万全を期しても脅威がゼロになるわけではありません。セキュリティ対策が強靭になってもサイバー攻撃も高度化していきます。CBDCの脆弱性は国の威信に関わります。CBDCを支える国のITの実力が問われているといえます。他国と協力してセキュリティ対策の能力を引き上げていくことも必要です。

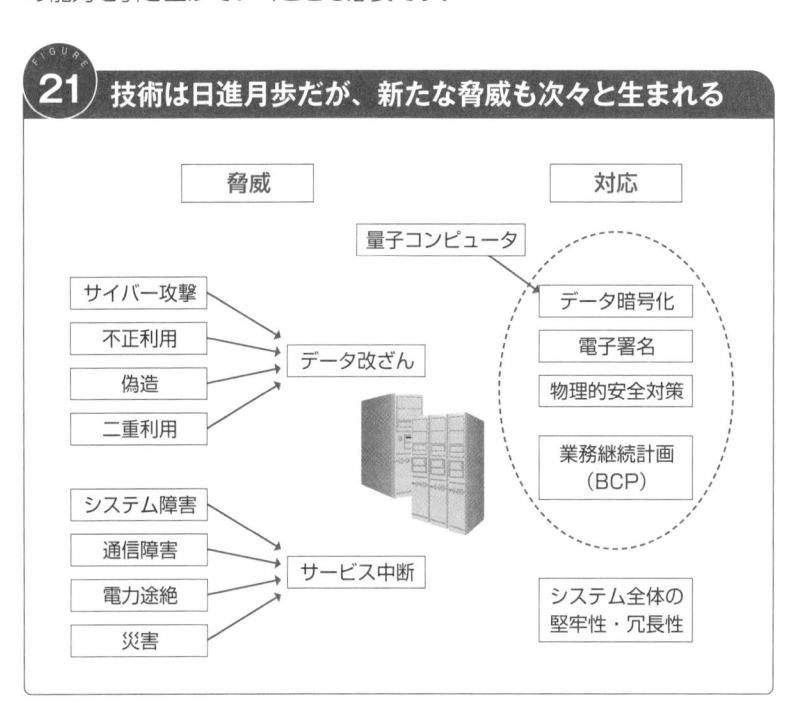

FIGURE 21　技術は日進月歩だが、新たな脅威も次々と生まれる

現金がデジタル化されれば
発行コストゼロで日銀は大儲け？

通貨発行益（シニョレッジ）は額面と発行コストの差ではありません。それは銀行券もCBDCも同様です。日銀の通貨発行益は原則国庫に納付され、国民に還元されます。

1 日銀はCBDCで「濡れ手に粟」ではない

大昔から通貨発行で濡れ手に粟を夢見る人はいます。額面より安い製造費でコインを鋳造し、それを額面で買い取ってくれたらその差額が儲けになるというカラクリです。ましてや紙幣であれば製造費も数十円で済むので、もし、その紙幣を一万円で引き取ってくれるならばほとんど丸儲けです。通貨がCBDC（＝データ）になって製造費（限界的なコスト）がゼロに近づけば錬金術となりそうです。

本書の冒頭から繰り返しているように、金融取引は等価交換です。銀行券の発行（日銀から出ていくとき）は銀行が日銀に預けている当座預金*との交換でした。そして、銀行券が日銀に戻ってくると当座預金に入金されます。銀行券は必要な分だけ発行され、必要がなくなったら日銀に戻ってきます。日銀は発行を押し付けることはできません。錬金術と考える人が見落としている点です。

では日銀は銀行券を発行することで儲けていないのでしょうか。実は、儲けています。でもそれは額面と製造費の差額ではありません。1-10節でみた日銀のB/Sを思い出してください。銀行券は日銀の「負債」ですが、日銀は銀行券を持っている人に利子を支払いません。一方、日銀のB/Sの資産の部には「国債」「貸付金」など、金利が日銀に支払われる資産が並んでいます。その差額が**通貨発行益（シニョレッジ）**と呼ばれるものです。CBDCが発行されても同じメカニズムで通貨発行益は発生します。

なお、日銀は「負債」の1つである当座預金の一部に付利していますので、決算全体でみれば、状況に応じて一時的に赤字になることはあります。

2 通貨発行益は国庫に納付され、国民に還元

　日銀の負債には発行銀行券以外もありますので、正確な通貨発行益の額は計算が難しいですが、2022年度の決算では日銀の税引き前の剰余金は約2.4兆円でした。約0.3兆円の税金を支払い、税引き後の剰余金は約2.1兆円。法定準備金などを差し引いた約2.0兆円が国庫納付金として政府の収入となりました。ちなみに、日銀の業務を運営するための経費は約0.2兆円でした。

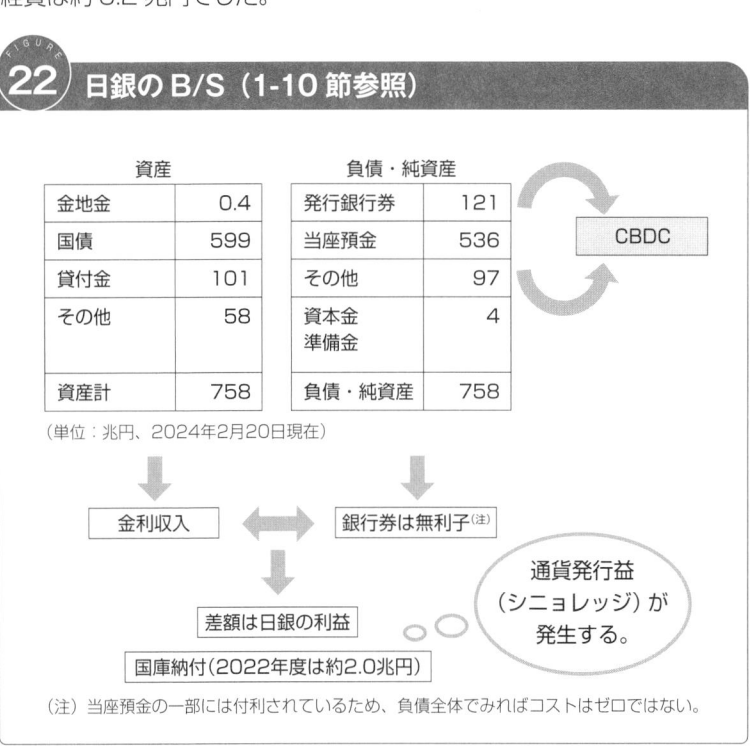

FIGURE 22　日銀のB/S（1-10節参照）

資産		負債・純資産	
金地金	0.4	発行銀行券	121
国債	599	当座預金	536
貸付金	101	その他	97
その他	58	資本金 準備金	4
資産計	758	負債・純資産	758

（単位：兆円、2024年2月20日現在）

金利収入　⇔　銀行券は無利子(注)

差額は日銀の利益

国庫納付（2022年度は約2.0兆円）

通貨発行益（シニョレッジ）が発生する。

（注）当座預金の一部には付利されているため、負債全体でみればコストはゼロではない。

＊**当座預金**　金融機関などが日銀に預ける預金。

CBDCのユースケースは明確ではない

民間のデジタル決済手段との棲み分け次第です。安全で便利なCBDCは経済のデジタル化に不可欠ですが、CBDCがベーシックな決済サービスに徹するのか、付加価値の高いサービスも実装して利便性を追求するのか、コストやセキュリティ対策も含めて議論する必要があります。

1 ユースケースは必ずしも明確でない

デジタル決済手段は経済のデジタル化には不可欠です。ただ、どこまでの役割をCBDCが担うのかは必ずしも明確ではありません。CBDCは中央銀行の負債として信用リスクがない安全なマネーです。CBDCが民間デジタル決済手段の提供するサービスと同様の機能を実装することは技術的には可能だと思いますが、それが望ましいかは別問題です。

CBDCが現金の代替としてベーシックな決済サービスに徹するというアプローチもあります。ベーシックな決済サービスでさえ、サイバー攻撃などの脅威に対応するために慎重なセキュリティ対策を必要とします。万が一、ハッカーの侵入を許せばそれは国家の信用にかかわります。ましてやシステムへの侵入やデータの改ざんを許せば、中央銀行が銀行強盗に入られたようなものです。それを防ぐには中央銀行だけでなく仲介機関などシステムの参加者全員のセキュリティ対策のレベルを引き上げる必要があります。

一方で、せっかく安全な決済手段を提供するならば、さらに利便性を高めるべきだとの考え方もあります。プログラム可能な機能を与えて自動決済を実現したり、他国のCBDCとの相互運用性を確保して海外送金のコストを引き下げたりすることなどです。もちろん、機能を高めればその分コストも増え、セキュリティ上の脅威も高まりますので、導入の要否は慎重に検討する必要があります。また、CBDCの利便性が高まる

ほど民間デジタル決済手段と競合する局面が増えますので、民間ビジネスを圧迫する要因になり得ます。

2 「架け橋」「橋渡し」としてのCBDC？

政府・日銀連絡会議「中間整理」（2024年4月）では、「異なる決済手段間の交換を担保することにより、他の決済手段を『支える』といった共通インフラとしての役割を果たす」ことが想定されています。

確かに、決済手段間の架け橋、橋渡しとしての役割は想定できますが（2-11節参照）、金融取引の大原則は等価交換ですので、何でも橋渡しするわけにはいきません。銀行預金と現金が等価交換されているように、CBDCと等価と評価できる財務的な安全性も必要ですし、それに見合った規制・監督が前提となります。また、本人確認でもCBDCと同様の厳格さが担保されていなければ、CBDCが資金洗浄の場になってしまいます。

CBDCが決済システムの冗長性の確保につながるのは確かですが、それだけがCBDCのユースケース*では費用対効果が疑問です。いずれにせよ、民間との棲み分けの議論はまだ決着がついていません。

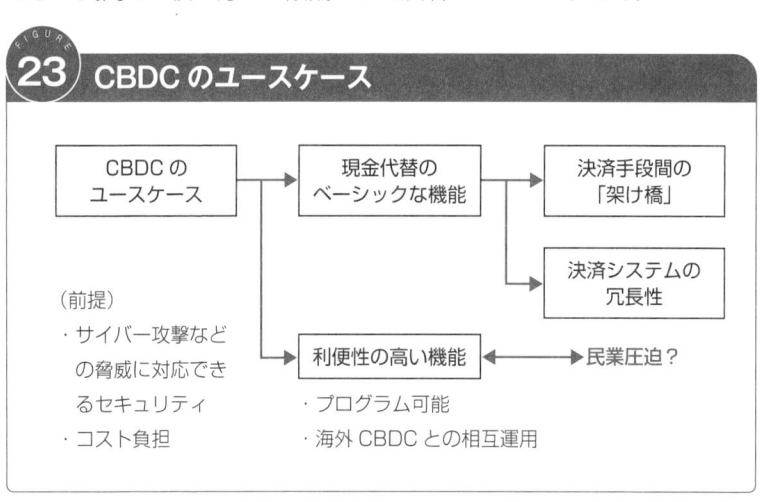

FIGURE 23 CBDC のユースケース

*ユースケース　そのシステムだから実現できる活用事例やビジネスとして成立する事業モデル。

結局CBDCはいつ導入されるのか

米国は「主要国で先陣を切るより最良の導入をしたい」と繰り返しています。中国は実証実験の範囲を着実に進め正式導入に備えています。ユーロ圏は当初早期導入に前向きでしたが欧州議会では慎重論もみられます。日本は先陣を切ることには慎重です。サイバー攻撃の脅威に対抗できる技術力に自信が持てなければ導入は早計とみられます。

1 前のめりの欧州にも揺り戻し

主要国のCBDCは、2019年のフェイスブック社（現・メタ社）のリブラ（Libra）構想に端を発したグローバルステーブルコイン（GSC）構想に触発され、検討が加速しました（3-16節参照）。その後、中国が2022年の北京冬季五輪の選手村でデジタル人民元の実証実験を行うなど先行する動きをみせたため、一部の政治家などが検討の加速を求める主張を行っています。

先進国の中でも欧州、特にユーロ圏、英国、スウェーデンなどでCBDCの導入を急ぐ動きがみられました。事情はそれぞれ違いますが（詳しくは第2章参照）、欧州中央銀行（ECB）のラガルド総裁は前のめり気味の発言を繰り返していました。

しかし、そんなデジタルユーロも2021年のECBによる市中協議、2023年の欧州委員会・ECBによる**単一通貨パッケージ**の公表を経て、慎重論が高まってきました。プライバシーに関する警戒感や一部民間金融機関による慎重論が背景にあります。欧州議会も一枚岩ではありません。欧州の通貨主権を守るために必要だという意見とプライバシーやコスト負担などの慎重論の両方がみられています。

　米国はデジタル人民元などの動きに対しても「最速より最良を目指す」と繰り返し、早期の導入に慎重です。基軸通貨を持つドルを持つだけに慎重になるのも仕方ありません。日本は着実に検証を進めていますが、欧米を出し抜いて先陣を切る覚悟はまだなさそうです。

2　サイバー攻撃を打ち返す技術力と国民の納得感がカギ

　主要国で中国は独自の判断で導入を決めるとみられます。中国は完全な資本移動の自由化を実現しておらず、人民元が国際通貨として流通するには限界があります（2-8節参照）。

　問題は基軸通貨（ドル）、国際通貨（ユーロ、円、英ポンドなど）を抱える主要国がどのタイミングで導入に進むかです。デジタルユーロは2023年11月に調査（investigation）フェーズから準備（preparation）フェーズに移行を決めましたが、導入の判断をいつ行うのかは明らかにしていません。日米英も着実に技術的検証を進めていますが、導入時期については明言を避けています。

FIGURE 24　CBDC導入の条件

サイバー攻撃の脅威を打ち返す技術力	・米国は民間のIT技術力の高さ ・日本は自前で米欧に匹敵する技術力を確保できるか ・欧州は域内の技術力を動員
プライバシー・コストなど国民の納得感	・欧州はGDPRなどを踏まえ高いレベルのプライバシーを志向 ・日本はデータ利活用とのバランスを志向するが国民の納得感が得られるか
他の主要国の動向	・中国は独自の判断で導入 ・ユーロ圏は前のめりだったスタンスに巻き戻しがみられる ・米国がデジタルドル導入を決めれば日欧は追随

筆者はCBDC導入の判断には「サイバー攻撃を打ち返す技術力に確信が持てるか」「プライバシーやコスト負担などで国民の納得感があるか」「他の主要国の動向はどうか」といった点が条件になるとみています。

　米国（デジタルドル）が導入を決めると、日欧も追随するとみられますので、やはり米国の動きがカギになりそうです。

◀ ECB
by by Jpatokal

◀ FRB
by Agnostic
PreachersKid

CBDC発行の具体的な日程感は示されていない

CHAPTER 1
23

日銀はパイロット実験を実施中であるほか、「連絡協議会」「CBDCフォーラム」の場で政府や民間と検討を進めています。ただ、発行には技術面だけでなく、法令の整備や幅広い国民の理解が必要です。導入の具体的な日程感は示されていません。

1 当面は技術面の検証と政府・民間との議論

日銀がCBDCを導入する具体的な日程感は示されていません。欧米など、他の先進国でも具体的な導入時期を決めた国はありません。先進国の中でもEU（欧州連合）はデジタルユーロに関する規則案が公表されるなど比較的検討が進んでいるといえますが、時期については明言を避けています。欧州委員会はいったん「（導入は）少なくとも2028年以前になることはない」という説明を公表しましたが、その後削除されるなど、推進派と慎重派との間で激しい議論が続いていることがうかがえます（2-12節参照）。日銀は技術面の検証のためパイロット実験を実施中であるほか、関係省庁や民間事業者団体等をメンバーに**連絡協議会**を設置しました。また、パイロット実験の中で民間事業者と議論・検討を行う場として**CBDCフォーラム**を設置し、複数のワーキンググループに分かれて検討を行っています。

2 幅広い国民の理解と納得が不可欠

比較的先行しているEUでも推進派と慎重派の間で激しい議論が続いているように、CBDCの導入には技術面だけでなく、法制面、プライバシーやデータ管理、民間事業者との棲み分けなど様々な検討すべき問題が残っています。何より、「現金がデータになる」というある意味大きなパラダイムシフトだけに、幅広い国民の理解と納得が欠かせません。

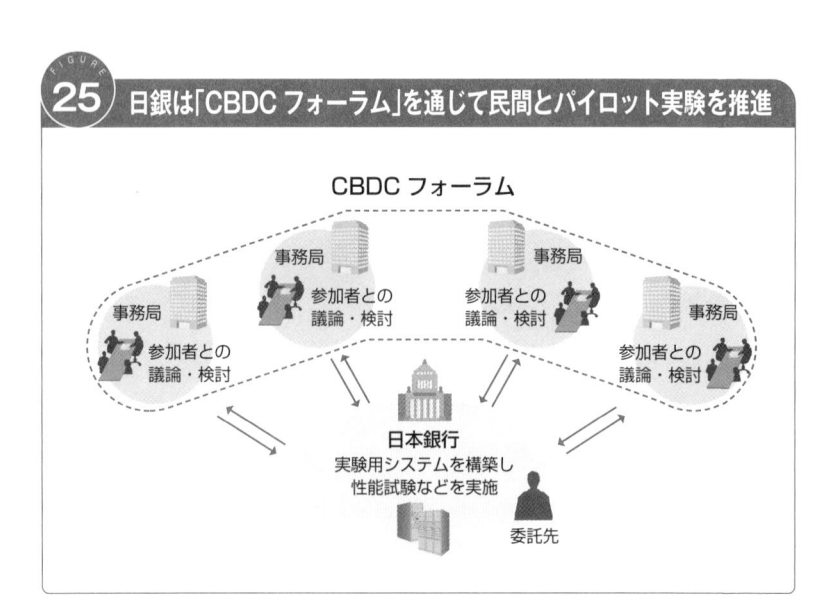

FIGURE 25 日銀は「CBDCフォーラム」を通じて民間とパイロット実験を推進

CBDCフォーラム

事務局
参加者との
議論・検討

事務局
参加者との
議論・検討

事務局
参加者との
議論・検討

事務局
参加者との
議論・検討

日本銀行
実験用システムを構築し
性能試験などを実施

委託先

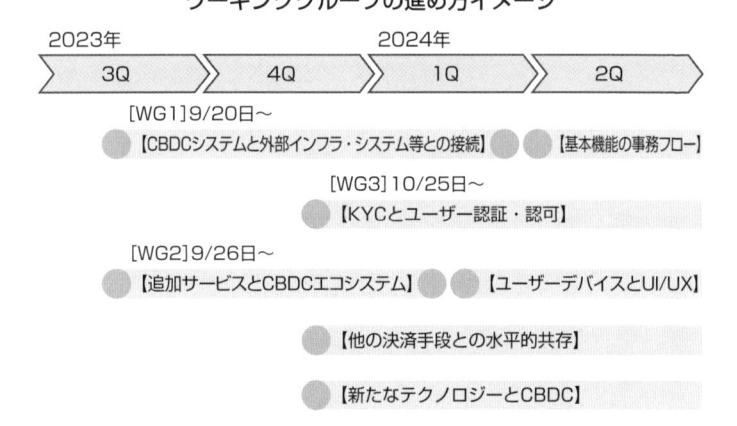

FIGURE 26 CBDCフォーラムは複数のワーキンググループに分かれて検討

ワーキンググループの進め方イメージ

2023年		2024年	
3Q	4Q	1Q	2Q

[WG1]9/20日〜
【CBDCシステムと外部インフラ・システム等との接続】　【基本機能の事務フロー】

[WG3]10/25日〜
【KYCとユーザー認証・認可】

[WG2]9/26日〜
【追加サービスとCBDCエコシステム】　【ユーザーデバイスとUI/UX】

【他の決済手段との水平的共存】

【新たなテクノロジーとCBDC】

(出所) 日銀「中央銀行デジタル通貨に関する日本銀行の取り組み」(2023年11月)

CBDC発行後も現金や民間デジタル決済手段は利用可能

CBDCが発行されても現金や民間デジタル決済手段の利用も可能ですので、CBDCの利用が強制されることはありません。ただCBDCには強制通用力や一般受容性がありますので、基本あらゆる場所で利用できる強みがあります。

1 CBDCの利用は強制されない

CBDC が導入されても既存の決済手段がなくなり、CBDC に一本化されるわけではありません。つまり、CBDC の利用が強制されることはありません。

CBDC が導入されても現金は残る予定です。また、当然ながら民間デジタル決済手段も引続き使えます。CBDC と民間デジタル決済手段の棲み分けはなかなか難しい問題ですが（1-9 節参照）、便利な民間サービスが無理やり CBDC にシフトさせられることは、少なくとも日本を含む先進国では考えられません。

利用者の選択肢に CBDC が加わることでさらに利便性が高まると考えるのが適切です。

2 CBDCの強みは強制通用力と一般受容性

民間デジタル決済手段は法貨ではありませんので、強制通用力はありません。また、使える加盟店が限られているため、誰に対してもどこでも使えるという一般受容性も備えていないものが大部分です。

その点、CBDC は強制通用力や一般受容性を備えており、それが強みになります。

では、CBDC が導入されると民間デジタル決済手段が使われなくなるのでしょうか。その可能性はゼロではありませんが、民間デジタル決済手段は、アプリの使いやすさやポイント付与などで利用者に CBDC にない利便性を提供することができます。

27 CBDC は利用者の選択肢を増やすもの

現金	民間デジタル決済手段	CBDC
・強制通用力	・アプリの利便性	・強制通用力
・一般受容性	・ポイント	・一般受容性
・スマホ不要	・顧客囲い込み	・安心感
・災害時に強い	・データ利活用	・利便性
		・オフライン利用

それぞれの強みを見て
選択すればよい。

ホールセールCBDCは
次世代の日銀ネット？

25

ホールセールCBDC（wCBDCと表記されることもあります）
は主に金融機関間の大口資金決済に使われるCBDCです。

1 大口資金決済のRTGSシステム

　金融機関間で資金をやりとりする大口資金決済は、ほとんどの国で中央銀行が運営する**RTGS***（**即時グロス決済**）システムで決済されています。日本では、日銀が運営する**日銀ネット**が1988年に稼働を開始しています。

　ここでRTGSという概念について少し説明します。昔の大口資金決済は、営業時間の終わりなど特定の時点にまとめて決済する**時点ネット決済**という方式を採用していました。金融機関間の資金のやりとりは資金の受け取りもあれば支払いもあるので、両者が打ち消し合って、決済時点に受け払いする資金を節約できるメリットがありました。ただ、万が一、金融機関の破綻が起きると、その金融機関と取引していたすべての金融機関に影響が及びます。つまり、決済の効率性は高いが安全性に問題がある決済方式ということになります。ちなみに、金融機関の破綻が瞬時に金融システム全体に影響が及ぶことを**システミックリスク**（systemic risk）と呼びます。

　RTGSシステムは、1本1本の支払いの指示（**決済指図**と呼びます）を即時に処理しますので、決済のために準備しなければならない資金は多くなりますが、金融機関が突然破綻しても、決済金額を再計算したり、巻き戻したりする必要はなく、影響は小さくて済みます。

---

* **RTGS** Real Time Gross Settlementの略。

すでに決済した処理には影響が及びません。つまり、決済の効率性は多少犠牲にしても安全性を高め、システミックリスクを抑制するのがRTGSシステムです。

日銀ネットも1988年の稼働開始時は時点ネット決済でしたが、2001年にRTGSに移行し、その後決済に必要な資金を節約する**流動性節約機能**を付与するなど安全性だけでなく効率性も高める改善を続けています。

2 RTGSシステムはもともとキャッシュレス

現在、日銀ネットでは1日あたり235兆円が決済されています(2023年)。件数は8.3万件ですので1件当たりの決済金額は約28億円となります。中央銀行のRTGSシステムはコンピュータシステムで処理されますので、大口資金決済はもともとキャッシュレスです。

wCBDCは現在のRTGSシステムを代替するものですが、RTGSにはない、どのような機能を実現できるのかを次に見ていきます。

FIGURE 28 **wCBDCはRTGSシステムの代替**

	決済手段	形態	発行主体
ホールセール決済 (金融機関間)	中央銀行当座預金 (RTGSシステム)	デジタル	中央銀行
	wCBDC	デジタル	中央銀行
リテール決済 (個人や企業等)	銀行券	紙	中央銀行
	民間銀行預金	デジタル	金融機関
	一般利用型CBDC	デジタル	中央銀行

(出所)日銀レビュー「分散型台帳技術を活用した決済の改善の取り組み」(2022年11月)を基に筆者作成

ホールセールCBDCはクロスボーダー決済や証券決済に活用

現在でも大口決済は中央銀行のRTGSシステムでデジタル化されていますが、クロスボーダー決済や証券決済の効率化のためにwCBDCの活用が検討されています。

1 wCBDCの肝はブロックチェーンの活用

1-25 節では金融機関間の資金決済を行う中央銀行の RTGS システムはすでにデジタル化されていると説明しました。では、wCBDC は既存の RTGS システムの何を変えようとしているのでしょうか。

一番の違いは、現在検討されている wCBDC プロジェクトの多くはブロックチェーン（分散型台帳技術）を使っているところです。ブロックチェーンと分散型台帳技術（DLT*）は厳密には後者がより広い概念（すなわち、ブロックチェーンは DLT を使ったネットワークの一例）ですが、wCBDC を考えるうえではブロックチェーンを前提とすることでよいでしょう。ブロックチェーンは、データを分散管理するネットワークで、データの更新にネットワーク参加者のコンセンサス形成を必要とすることでデータの真正性を確保し、改ざんに対する耐性を高めています（46 ページコラム参照）。

一般に中央銀行の RTGS システムの構築には、その信頼性を確保するために巨額の投資を必要としますが、ブロックチェーンはそうしたレガシーシステム*に比べて安価に構築でき、サイバー攻撃などデータ改ざんの脅威に対する耐性があるというメリットがあります。

ただ、億人単位の参加者がいて膨大なデータ処理要求を瞬時にこなす必要がある一般利用型 CBDC でブロックチェーンを利用するには技術的課題があり、参加者数や処理件数が一般利用型より少ない wCBDC での

---

* **DLT**　Distributed Ledger Technologyの略。
* **レガシーシステム**　既存の技術を使ったシステム。

活用が主に検討されています。

相互運用性でクロスボーダー決済が容易に

wCBDC にブロックチェーンを活用する利点の1つに、複数（国）の wCBDC システムが共通基盤を利用することで**相互運用性**（interoperability）が高まる点があります。すなわち、システム間の相互接続やデータの流通が容易になることで、為替取引や国際送金などクロスボーダー決済が効率化することが期待できます。実際、BIS（国際決済銀行）が世界中の中央銀行を対象に行ったサーベイでも、先進国、新興国に共通してこの点の期待が高いことが示されています。

また、wCBDC データをトークン（4-2 節参照）として流通させ、スマートコントラクト（3-14 節参照）を活用することで、証券と資金の同時決済（DvP*）や為替の同時決済（PvP*）の実現も検討されています。

29 wCBDC ではクロスボーダー決済の効率化に期待

	リテール CBDC		ホールセール CBDC	
	先進国	新興国	先進国	新興国
金融システムの充実	中	高	中	高
金融政策の遂行	とても低	中	とても低	中
金融包摂	低	とても高	とても低	低
決済の効率化（国内）	とても高	とても高	高	高
決済の効率化（クロスボーダー）	中	中	とても高	とても高
決済の安全性／頑健性	高	とても高	中	とても高

（出所）BISの2022年CBDCサーベイ（2023年7月公表）について日銀「第6回中央銀行デジタル通貨に関する連絡協議会」事務局説明資料（2023年11月）

＊ DvP　Delivery versus Paymentの略。
＊ PvP　Payment versus Paymentの略。

CBDCの実証実験を共同で行う国際プロジェクトもある

国際機関では、BIS（国際決済銀行）が複数国の共同実証プロジェクトを主導、日米欧が揃って参加するプロジェクトもあります。IMF*（国際通貨基金）は途上国向けの技術支援に取り組んでいます。制度設計については先進国中央銀行の共同プロジェクトもあります。

1 BIS主導の共同実証プロジェクトに日米欧が参加

CBDC には技術的にも制度的にも世界中の中央銀行が協力し合って乗り越えるべき課題が多く残されています。デジタル人民元の実証実験を続ける中国の動きをみると「世界の中央銀行は先を争って競争している」ようにみえるかもしれませんが、多くの中央銀行は競争よりも協力して知恵を出し合うことで強靭なシステムや制度を創ることに意義を見出しています。

スイスのバーゼル市にある BIS*は中央銀行に国際的な協力の場を提供してきた国際機関です。BIS には様々な委員会が設置されていますが、決済分野の国際基準を策定する CPMI*（**決済・市場インフラ委員会**）は CBDC や国際送金に関する多くの報告書を公表しています。FSB*（**金融安定理事会**）も国際送金の迅速化、低コスト化に関する報告書を G20 に報告しています。ちなみに、筆者は 2001 年から 2 年間、CPMI の前身の CPSS*（支払・決済システム委員会）事務局に勤務していました。

---

* **IMF**　International Monetary Fundの略。
* **BIS**　Bank for International Settlementsの略。
* **CPMI**　Committee on Payments and Market Infrastructuresの略。
* **FSB**　Financial Stability Boardの略。
* **CPSS**　Committee on Payment and Settlement Systemsの略。支払・決済システム委員会。

30 CBDC に関する主な国際的な取り組み

(1) BIS（国際決済銀行） 本部：スイス・バーゼル

・FSB（金融安定理事会）やCPMI（決済・市場インフラ委員会）など、国際的な議論の場の提供

（注）FSB は BIS の内部機関ではなく別法人だが、その事務局は BIS 本部内にある。

・BIS Innovation Hub による主な共同実証実験（終了したものも含む）

プロジェクト名	参加中央銀行	CBDCの種類	テーマ
Project Agora	日本、NY連銀、仏、英、スイス、韓国、メキシコ	ホールセール	国際送金
Project Aurum 2.0	香港	一般利用型	プライバシー保護
Project mBridge	香港、UAE（アラブ首長国連邦）、中国、タイ	ホールセール	国際送金
Project Tourbillon	スイス	一般利用型	匿名性
Project Mariana	フランス、シンガポール、スイス	ホールセール	国際送金
Project Sela	香港、イスラエル	一般利用型	エコシステム
Project Dunbar	豪、マレーシア、シンガポール、南アフリカ	一般利用型	国際送金（CBDCプラットフォーム）

(2) IMF(国際通貨基金) 本部：ワシントン DC

・CBDC Handbook の公表と途上国への技術支援

(3) 主要中央銀行（7 中銀と BIS）によるグループ

・制度設計に関する報告書を公表（2020 年、2021 年、2023 年）

BISは2019年、技術革新に対応するため Innovation Hub という新組織を設置、香港やシンガポールを始め世界各地にセンターを置いています。

CBDCは設置当時から柱のテーマでした。2024年4月には日米欧の主要中銀に韓国・メキシコが参加するホールセール CBDC を使った国際送金のプロジェクト（「アゴラ（Agora）」）が開始されました。これまでも国際送金を効率化する実証実験プロジェクトは複数ありましたが、日米欧が揃って参加するプロジェクトは初めてです。民間金融機関も参加する大型プロジェクトになる予定です。

2 IMFは技術支援に注力

IMFもCBDCに関して各国の動向や制度設計に関する数多くのペーパーを公表していますが、2023年9月にはCBDC Handbookの公表を始めました。2024年にも追加の公表が予定されていますが、IMFはこのHandbookを活用しながら途上国への技術支援（Technical Assistance）に注力していく予定です。

また、制度設計については、主要中央銀行が2020年にCBDCの活用可能性を評価するためのグループを設立、報告書を公表しています。日米欧（ユーロ圏、英、スイス、スウェーデン）、カナダにBISが参加しています。

各国が協力して
国際的なルールやシステム
を作っている。

CBDCをめぐる
海外の動き

主要国では中国がデジタル人民元の実証実験を進めています。先行する中国のCBDCはドルや円の脅威になるのでしょうか。米欧のCBDCの検討はどこまで進んでいるのでしょうか。

CBDC導入済みは世界で3か国

バハマ、ナイジェリア、ジャマイカが導入済です。一般国民を対象に実証実験を行った東カリブ通貨同盟（ECCU）もカウントする場合もあります。ただ、導入の理由は自国通貨の利用促進、金融包摂など様々で、あまり日本の参考にはなりません。

1 3つの国で一般利用型CBDCが導入済

2024年6月現在、一般利用型CBDCを導入したと公表したのはバハマ、ナイジェリア、ジャマイカの3か国です。

2020年10月、世界で最初に導入したのはバハマ（名称はSand Dollar）ですが、IMF（国際通貨基金）資料によると、2023年11月現在、当局の広報努力にもかかわらずCBDCのウォレットを保有しているのは全人口の3割にとどまり、残高も現金流通高の1%未満にとどまっています。

2022年6月に導入したジャマイカ（名称はJAM-DEX）も残高は現金流通高の約1%と低迷しています。

カリブ海の島国8か国で構成される**東カリブ通貨同盟（ECCU）**では、2021年3月に一般国民を対象とした実証実験を開始しました（名称はDCash）。2022年にはシステム障害を起こすなどの混乱もあり、利用者は少数にとどまりました。2024年1月までに実証実験を終え、いったん残高は払い戻されています。今後、DCash2.0と呼ぶ次期システムを開発し、システムの頑健性を高める予定です。

このように中南米やカリブ海にCBDC導入例が多い背景には、①金融サービスへのアクセスの改善をCBDCによって実現したいという金融包摂、②米ドルの影響力が強く、実際米ドルが多く流通している中、自国通貨の利用促進、といった動機があります。

2 日本にはあまり参考にならない

残りもう 1 か国のナイジェリア（名称は eNaira）も金融包摂の観点から導入したと当局は説明していますが、すでに民間のデジタル決済手段の普及がある程度進んでいることもあって、利用は低迷しているようです。

すでに CBDC を導入した国の利用がいずれも低迷している点は興味深いですが、いずれにせよ、金融包摂や自国通貨の利用促進といった導入目的は日本にとってはあまり参考にならないといえます。「これらの国が導入しているから日本も CBDC を早く導入せよ」といった議論になるとは思えません。

FIGURE 31 一般利用型 CBDC の発行事例

国・地域	発行年	名称	コメント
バハマ	2020 年 10 月	Sand Dollar	現金流通高の 1% 未満
ナイジェリア	2021 年 10 月	eNaira	
ジャマイカ	2022 年 6 月	JAM-DEX	現金流通高の約 1%
東カリブ通貨同盟（8 か国）	2021 年 3 月（実証実験開始）	DCash	実証実験終了（残高は返還）DCash2.0 開発中

金融包摂を実現したい。

米ドルが強い中で自国通貨の利用拡大を図りたい。

カンボジアが世界で最初に CBDCを導入したという誤解

> カンボジア中銀は「Bakong（バコン）」の運用を開始しましたが、そこで発行されたデジタル通貨は中銀ではなく、民間銀行の債務です。中銀はバコンを「決済システム」と説明しています。

1 「最初のCBDC発行国」と呼ばれない理由

2010年10月、カンボジア中銀は「Bakong（バコン）」というデジタル通貨発行システムを導入しました。中銀が発行するデジタル通貨ですのでCBDCのようにみえます。もしそうであれば、バハマのSand Dollar（2-1節参照）と並んで世界最初のCBDCとなるはずですが、IMFはカンボジアをCBDC発行国に挙げていませんし、カンボジア中銀もバコンを決済システムと表現しています。バコンはなぜCBDCと呼ばれないのでしょうか。

バコンは中銀に置かれた参加機関（仲介機関）ごとのバコン専用リザーブ（準備預金）口座に同額のリエル（カンボジアの法定通貨）を置き、そのリザーブを見合いに発行するシステムのようです。中銀のバランスシートの負債にデジタル通貨が直接計上されているわけではないので、バコンのアプリで支払うデジタル通貨は中銀の負債ではなく、参加機関（民間銀行）の負債と考えるのが適当です。デジタル通貨は同額の中銀のリザーブで裏付けられていますので、その性格はステーブルコイン（3-16節参照）とみるのが一番近いように思います。

CBDCとバコンのデジタル通貨の最大の違いは、デジタル通貨を発行する民間銀行の信用リスク（破綻リスク）です。銀行が破綻しても中銀のリザーブが倒産隔離されている（債権者がリザーブを差し押さえることができない）ならば、CBDCと同程度の安全性が確保されているともいえますが、そのような法整備がなされているかはわかりません。

2 バコン・アプリの米ドル決済にも問題

カンボジアでは自国通貨であるリエルより米ドルの方が流通しています。自国通貨が信頼されていないため、価値が安定している米ドルで受け取りたいという人が多いためです。これを**ドル化**と呼びます。

そうした現実を反映して、バコンのアプリでは米ドル建て決済ができるようになっています。米ドルのCBDCを発行できる権限を持つのはFRBだけですので、バコンが米ドルのCBDCを発行できないことは明らかですが、ではこの米ドル決済をどう考えればいいのでしょうか。

利用者が参加機関に保有する米ドル預金残高で決済する仕組みなら問題は小さいです。日本では米ドルの外貨預金をリテール決済に使うことはありませんが、ドル化が進んでいるカンボジアなら理解できなくもありません。ただ、もしバコンのアプリ上で自国通貨リエルと米ドルが交換できる機能があると、リエルを介して米ドルのデジタル通貨を勝手に創造できることになってしまいます。日本のように資本移動が自由化され通貨の交換が自由にできる国ならともかく、カンボジアはそうではありません。

バコンは日本のブロックチェーン・スタートアップが構築に参画しています。同国はバコンにモバイル決済アプリを一元化したいようですが、法制度や金融制度の整備が追い付いているかが気になります。

> バコンのアプリでは
> 自国通貨と米ドルの決済が
> できるが問題ないか。

（出所）カンボジア中銀（https://bakong.nbc.gov.kh/en/）

中国やインドは実証実験中。
先進国は合意形成に時間

中国では、すでに各地で実証実験を行っています。先進国では欧州が特に積極的でしたが、導入に向けた課題が明確になりつつある中、合意形成に時間がかかっています。

1 中国の「デジタル人民元」は全国規模の実証実験中

中国人民銀行は現在、デジタル人民元（e-CNY）の実取引を伴うパイロット実験を全国規模で実施しています。もともと、2022年の北京冬季五輪では自国民だけでなく、海外選手や記者団も五輪会場全域でe-CNYを使えるようにし、世界に向けてe-CNYをアピールするショーケースの場として五輪を利用しました。

その後、パイロット実験は全国主要都市に拡大し、現在は17省26都市で実施中です。また、2023年11月から外資系銀行4行（香港のHSBC、恒生銀行、英国のスタンダードチャータード銀行、台湾の富邦華一銀行）もパイロット実験に参加しています。

中国はAlipay（アリババ社）とWeChatPay（テンセント社）という2大民間デジタル決済（QRコード決済）が国民に浸透しており、民間サービスで金融包摂はほぼ実現できているといえますが、e-CNYには人民元の利便性を高め、国際通貨に向けた歩みを進めたい当局の意図が感じられます。e-CNYが民間2大サービスとどう棲み分けていくかが注目点です。

e-CNYの本格導入の時期は決定されていませんが、実取引が相応の規模で行われている点で、主要国では中国が一歩進んでいるといえます。

インドも、2022年3月に中銀法を改正してCBDC（デジタルルピー）を発行可能にしました。現在実施中のパイロット実験にすでに400万人が参加するなど、中国を追いかけています。

FIGURE 32 新興国の方がユースケースが明確

| 新興国 | 先進国 |

新興国

導入目標、ユースケースが明確

中国
- 大規模パイロット実験中
- 民間サービスで金融包摂は実現
- 人民元の利便性を高め、国際通貨に向けた歩みを進めるという目標
- 民間との棲み分けが焦点

インド
- 大規模パイロット実験中
- 金融包摂が目標

先進国

ユースケースは必ずしも明確でない

サイバー攻撃の脅威大

プライバシー保護

コスト大

ユースケースが明確でない

- 金融包摂は実現済

民間との棲み分け（民業圧迫）

新興国の方が導入に積極的。

2 欧州は導入に前向きだったが、合意形成に時間

　先進国では欧州が特に積極的でしたが、ここに来て合意形成に時間をかける姿勢に転じています。

　スウェーデンは、現金流通のコストが高いこともあり、先進国では最も早く導入意向を示し、実証実験を進めていますが、まだ導入時期を判断するに至っていません。

　英国は、2023年2月にイングランド銀行と財務省と共同で**デジタルポンド**の市中協議を開始、2024年1月に市中からのコメントを踏まえた報告書を公表しましたが、学者から制度設計に助言を受ける会議体を設置するなど、導入までにまだ時間をかける姿勢を示しています。

　ユーロ圏もECB（欧州中央銀行）のラガルド総裁が導入に前のめり気味の発言を繰り返してきましたが、2023年6月の欧州委員会によるEU規制案の公表、2024年2月からの欧州議会での審議開始と、政治的な合意形成プロセスに入りました。少なくとも数年はかかるとみられています。

　米国は、ボストン連銀がMIT*（マサチューセッツ工科大学）メディアラボと共同研究を行うなど技術面の検討は進んでいますが、導入の判断については基軸通貨としてのドルの重要性を反映して慎重な姿勢が続いています。

　新興国は金融包摂など明確な導入目的がある一方、先進国ではユースケースが必ずしも明確ではありません（1-21節参照）。先進国が導入にやや慎重な姿勢に転じたのは、プライバシーについての懸念やサイバー攻撃の脅威といった課題の大きさに比べて、ユースケースや民間サービスとの棲み分けが明確でないという事情が反映しているといえそうです。

＊**MIT**　Massachusetts Institute of Technologyの略。

中国は実証実験を全土で展開中だが、正式導入は未発表

2022年の北京冬季五輪で実証実験を行った後、現在も全国各地で実取引を伴うパイロット実験を実施中ですが、正式な導入時期は公表されていません。

1 実取引を伴う大規模パイロット実験を全土で展開中

デジタル人民元（e-CNY）は、華々しい世界デビューを2022年の北京冬季五輪で果たしました。五輪会場では、中国人のみならず外国選手や記者団（プレス）などにもe-CNYアカウントを開設してもらい、会場内やプレスセンターなどで物品購入に利用できる様子などを世界中のメディアが報じました。五輪を中国の先進性をアピールするショーケースに利用する見事な広報戦略でした。

その後、パイロット実験は全土に広がり、現在17省26都市で実取引を伴う大規模実験を展開中です。

さらに、2023年には外資系銀行4行（香港のHSBC、恒生銀行、英国のスタンダードチャータード銀行、台湾の富邦華一銀行）もパイロット実験に参加し、実際、香港では、一定額の範囲内であれば、市民が小売店でe-CNYで支払えるほか、香港の利用者が中国本土の利用者と国境を超えた支払いをすることも可能になっています。

2 実は日本でもデジタル人民元の口座は開設できる

従来は、e-CNYの利用はパイロット実験に参加している銀行に口座を持っている者が参加していましたが、2024年3月、中国人民銀行は外国人向けアプリのガイドラインを公表しています（2-6節参照）。

これにより、中国への旅行者などは事前にウォレットに e-CNY をチャージしたうえで、中国を訪問することができます。旅行者については、参加銀行に口座を開設・保有する必要はなく、ビザやマスターカードのクレジットカードでチャージすることができます。なお、匿名でのe-CNY 口座開設の場合は、1 回あたりの利用金額が 2000 元（約 4.4 万円）、1 日当りの累計利用金額が 5000 元（約 11 万円）に制限されています。

　このように、すでに中国本土だけでなく、香港でも実取引に利用され、また日本人旅行者も使えるとあっては、事実上 e-CNY は発行されたといってもいいかもしれません。

　ただ、中国全土で法定通貨として利用できるようになる正式導入時期については、中国当局は公表していません。

FIGURE 33　デジタル人民元（e-CNY）のアプリダウンロード画面

中国全土で
大規模な実証実験を
行っている。

（出所）中国人民銀行（https://pilot.app.ecny.pbcdci.cn/download/index.html）

CHAPTER 2 5 Alipay、WeChatPayとデジタル人民元の共存は続くのか

中国ではAlipay（アリババ社）とWeChatPay（テンセント社）という民間デジタル決済手段が幅広く浸透しています。政府は民間サービスとの棲み分けについての方針を明らかにしていませんが、中国当局のこれら巨大IT企業への介入を考えれば、デジタル通貨はいずれe-CNYに一本化され、民間はアプリやウォレットの提供に特化するとの見方もあり得ます。

1 Alipay、WeChatPayとe-CNYは共存している

中国本土において、AlipayやWeChatPayの浸透度には驚かされます。この2大決済サービスのおかげで、中国は金融包摂の目標を達成できたといってもよい位です。しかも両アプリは**スーパーアプリ**でAlipayやWeChatPayのアプリから様々なサービス（ネットショッピング、保険、旅行、資産運用など）に直接つながっており、レコメンド（推奨）が行われたり、支払もシームレスで行えたりする利便性の高いものに進化しています。

FIGURE 34 QRで浸透した民間デジタル決済

2大民間サービスとe-CNYの棲み分けはどう進化していくか。

（出所）Shanghai Daily（https://www.shine.cn/biz/finance/2104167500/）

現在、e-CNY はパイロット実験に参加する銀行などのアプリから支払うことが基本となっており、デジタル決済手段として第3の選択肢を提供しているというのが適切な評価とみられます。

ただ、すでに e-CNY のアプリ上で Alipay や WeChatPay を express payment option として搭載したり、逆に Alipay や WeChatPay のアプリ上に e-CNY のウォレットを組込み、両者のアプリからのサービスの決済を Alipay や WeChatPay ではなく、e-CNY で行えるようにするなど「相互乗り入れ」のような対応を行っています。

2 当局のアリババに対する介入に見るe-CNYの将来

中国当局はアリババの創業者ジャック・マー（馬雲）氏に対して同氏が保有するアリババの過半数の株式議決権を手放すよう求めるなど、中国共産党にとって脅威となる存在については、たとえ同国の金融包摂実現の立役者の1人であっても容赦なく介入します。

e-CNY は中国当局にとって、人民元の利便性や魅力を高めるとともに、国際通貨への歩みを進める上でも重要な取り組みとなっています。外資系銀行にパイロット実験への参加を認めたり、旅行者にも口座開設を認めたりするなどの施策をみても、そうした意図が窺えます。

これ以降は筆者の推測となりますが、上記を踏まえると、Alipay や WeChatPay についても、現在すでに実施されているアプリ上に e-CNY のウォレットを搭載することからさらに踏み込んで、決済通貨は e-CNY に統一し、民間はアプリや e-CNY のウォレットを提供するという棲み分けに進む可能性もあるかもしれません。民間としてもアプリやウォレットを提供することで、利用者の購買データなどはこれまでどおり取得でき、レコメンドなども行えます。それならば、民間としても大きな損失を受けることなく、当局との共存が図れるメリットがあります。

実際にそうした方向に進むかはわかりませんが、民間サービスとの棲み分けの進化は大きな注目点です。

私も日本でデジタル人民元を保有できる

2023年9月から中国に居住していない人（非居住者）で中国の銀行口座を持っていない人でもクレジットカードで一定額まで保有できるようになりました。

1 デジタル人民元（e-CNY）アプリに事前チャージ

　海外からの旅行者などが中国国内でデジタル人民元をチャージして使うことは従来から可能でしたが、2023年9月にe-CNYアプリに事前チャージ機能が加わり、非居住者が中国国外で国際クレジットカード（VISA、Mastercardなど）でチャージし、e-CNYを保有できるようになっています。

　具体的には、スマホのアプリストアから海外向けe-CNYアプリをダウンロードし、携帯電話番号（日本の番号でも可）だけで口座を開設できます。この匿名アカウントは厳格な本人確認不要で開設できますので、利用額について1回2000元（約4万円）、1日5000元（約10万円）の制限を設けています。

　旅行後に残った残高をクレジットカードに返金する機能もあります。

2 旅行以外に通販サイトなども利用可能

　中国国外からのチャージが可能になったことで、中国を訪問しなくてもe-CNYのアプリ（スーパーアプリ）から利用できるアプリ（ミニアプリ）の決済もe-CNYで行えるようになります（「銭包快付」と名付けられています）。ミニアプリには通販サイトも含まれており、（海外への発送が可能であれば）中国の通販をe-CNYで支払いをして利用することができることになります。

中国国外でのe-CNYの利用がどの程度の規模になるのかを予測することは難しいですが、潜在的には人民元の国際化、海外利用を促進するツールとなり得ます。匿名アカウントは利用額制限があるとはいっても上限は相応に高く設定されていますので、使い勝手は悪くありません。

　政府・日銀連絡会議「中間整理」（2024年4月）では、「利用者の範囲は当面国内居住者としつつ、非居住者についてはインバウンド観光の促進の観点も含め、今後の検討課題とする」とされています。資金洗浄や不正利用対策の観点から口座開設には厳格な本人確認を求めるのが日本の方針です。中国は日本とは異なり、匿名アカウントで相応の金額のCBDCの利用を認めるアプローチを打ち出しています。

　デジタルユーロも非居住者の口座開設については検討に時間をかける方針です。中国の対応はこうした先進国の姿勢とは異なりますが、利用データの蓄積を含め、実利を優先したということでしょう。

FIGURE 35　中国はデジタル人民元を非居住者にも提供

2024年3月、中国人民銀行は旅行者向けe-CNYのサービスガイドを英語で公表。

（出所）中国人民銀行
(http://www.pbc.gov.cn/en/368800
6/5275451/5275454/5281077/
index.html)

中国はデジタル人民元で国際通貨を目指す

> デジタル人民元への警戒感は理解できますが、他国の通貨が支配的な決済通貨になると、自国の通貨主権を失い、自由に政策を決められなくなります。小国ならともかく自ら進んで通貨主権を失う国はありません。ただ、デジタル人民元のシステムの技術供与や相互接続を通じて影響力を高める可能性があります。

1 人民元の国際化は中国の悲願

　中国にとって人民元の国際化は悲願ともいうべき優先課題であり、デジタル人民元もその文脈で一定の役割を果たすことが期待されているとみるのが自然です。

　これまで中国は人民元の国際化を進めるために、

①貿易取引（特に原油、石炭、鉄鉱石などのコモディティ取引）の人民元建て決済の促進
②通貨スワップ協定（二国間で通貨を融通する取極め）の締結
③国際通貨基金（IMF）のSDR（特別引き出し権）と呼ばれる国際通貨バスケットへの人民元の組み入れ
④香港との証券市場の接続（コネクト）

など様々な取り組みをしてきました。これらは「プロ向け」であり「一般向け」のリテール決済分野の取り組みではありません。デジタル人民元は新たにリテール決済分野で人民元の国際化を進める武器となると中国当局が考えていても不思議ではありません。

そもそも人民元の国際化は基軸通貨であるドルの影響力を抑え、**人民元経済圏**を確立することに主眼があります。特に、中国は「一帯一路」など、豊富な資金力を武器にして地政学的に重要な国々に対する経済援助や開発プロジェクトを推進していますので、一帯一路の延長線上に人民元経済圏の構築を考えていても不思議ではありません。

　世界には、価値の不安定さなどから自国通貨を自国民が信頼しておらず、ドルが国内に流通する「ドル化（dollarization）」が進んでいる国があります。2-2 節で取り上げたカンボジアもそうした国の１つです。ドルに代わってデジタル人民元が流通する世界を中国が構想していても不思議ではありません。

② 人民元が国際通貨になるにはまだ超えるべきハードルがある

　ただ、人民元が国際通貨になるには高いハードルがあります。まず中国は資本取引の完全な自由化を達成していません。中国に投資して得られた人民元を無条件で自由に国外に持ち出すことはできません。ドルや円などの国際通貨との最大の違いです。

　また、ドル化は現地当局が望んで起こった状況ではありません。どの国も通貨主権を持ち、他国の影響を受けずに通貨政策を行いたいと考えています。進んでドル化、人民元化を許容する国はまれです。デジタル人民元が国内で流通すれば警戒感が高まるのも当然です。

　ただ、一帯一路の例をみても、例えば、中国が CBDC に関する基盤技術を供与するとか、他国の CBDC と相互運用性を確立するなどしてじわじわと影響力を高めていく可能性はあります。2-6 節で扱った非居住者に匿名アカウントの開設を柔軟に認めることも同じ文脈で気になるところです。

36 人民元の国際化

「ドルの影響力抑制」「一帯一路」

人民元の国際化

プロ向け
①人民元建て貿易取引
②通貨スワップ協定
③SDRへの人民元組み入れ
④香港との証券市場コネクト

一般向け
デジタル人民元の流通による「元経済圏」の確立？

CBDCの基盤技術供与や相互運用性確立

非居住者に「匿名アカウント」開設認める

①中国は資本取引の完全自由化未達成
②中国に通貨主権を奪われる警戒感

中国の動きを過小評価すべきでないが先進国はやはりドル次第

資本移動の完全な自由化を達成していない人民元と自由化されて長い歴史を持つドルや円を同一視する必要はありませんが、技術的な準備は着実に進めておく必要があります。

1 人民元はすぐには基軸通貨にはならない

中国がデジタル人民元（e-CNY）のパイロット実験を終える時期は明らかになっていませんが、いずれ本格導入に踏み切るとみられます。これを機に政治家などからは「わが国も一刻も早く導入しないと、『人民元経済圏』が拡大してしまう」といった議論が盛り上がることが予想されます。懸念はもっともですし、中国は人民元の国際化を戦略的に進めていますので（2-7節参照）、e-CNYについても海外利用を含めその戦略を過小評価すべきではありません。e-CNYの基盤技術について技術供与を受けた国や相互運用性の確保をした国では、技術的に現地通貨とe-CNYの交換が容易になるかもしれません。

ただ、人民元がe-CNYによってドルを脅かす基軸通貨になれるかといえば、それほど単純な話ではありません。まず、人民元は資本移動の完全な自由化を達成していません。人民元を自由に国外に持ち出すとか、中国に投資した資本や獲得した収益を還流させることも完全に自由にはできません。為替レートも変動幅が制限されています（もっとも、この点は利点にもなり得ます）。

資本移動の完全な自由化は基軸通貨となるための最低条件ですので、中国もいずれ完全自由化に踏み切ると思いますが、自由化されて長い歴史を持つドルや円と同一視する必要はありません。

2　やはりドルの動きが焦点

　世界の CBDC の動きをみるうえではやはりドルの動きが焦点になります。基軸通貨だけに万が一サイバー攻撃を受けてデータの改ざんなどが起きると信頼喪失の影響は甚大です。FRB は「米国にとっては『最初に』なるより『正しく』導入することが重要だ」（2020 年 10 月 19 日、パウエル議長発言）という姿勢に変化はないとみられます。

　この間、ボストン連銀と MIT（マサチューセッツ工科大学）メディアラボが共同で実証実験を行うなど技術的な検討は進めていますが、まだ導入に向けた具体的な日程感は出ていません（2-10 節参照）。

FIGURE 37　基軸通貨と国際通貨

基軸通貨とは

・国際通貨の中で中心的な役割を果たす通貨。現在はドルが基軸通貨。市場流動性が高いため、いつでも取引でき、信用力でも他の通貨の基準となる。
・国際通貨以外の通貨（例えば、タイのバーツ）を取引する場合は、いったん基軸通貨と交換してから交換する場合が多い（タイ・バーツと円を交換する場合、タイ・バーツをドルに交換し、ドルを円に交換する）。
・人民元が基軸通貨になるということは、例えば、タイ・バーツをいったん人民元と交換し、人民元を円に交換することであるが、人民元の市場流動性は、資本規制が存在することもあって、為替取引をどんなときにも行えるほど高くない。

国際通貨とは

・明確な定義はないが、国際的に取引され、金融取引や貿易取引を自国通貨建てで行うことができる通貨。
・基軸通貨であるドルに加え、ユーロ、日本円、英ポンド、スイスフラン、人民元を指すことが多い。
・国際通貨基金（IMF）の SDR（特別引き出し権）という通貨バスケット（世界の主要通貨で構成される合成通貨単位）は、ドル 43.38％、ユーロ 29.31％、人民元 12.28％、日本円 7.59％、英ポンド 7.44％で構成される（比重は定期的に見直される）。

インドは実証実験急ぎ中国を抜き主要国初の正式導入もあり得る

インドでは2016年11月に突然高額紙幣を廃止し、これがデジタル決済への移行を加速させました。2022年3月にはインド準備銀行にCBDCの発行権限を与える中央銀行法改正をいち早く行い、同年12月にはパイロット実験を開始しています。正式導入の時期は明らかにしていませんが、パイロット実験で先行する中国を尻目に主要国で最初の導入国になる可能性もゼロではありません。

1 高額紙幣廃止がデジタル決済を加速

2016年11月8日、インドのモディ首相は突然1000ルピー（約1,600円）札と500ルピー（約800円）札を廃止すると発表しました。高額紙幣といっても1000ルピー札と500ルピーは当時の銀行券流通高の8割以上を占めていましたので突然の発表は、一時的だったとはいえ、経済に大きな混乱をもたらしました。

突然の廃止は、富裕層の脱税の温床になっていた高額紙幣での蓄財や、犯罪資金などブラックマネー・地下経済のアングラマネーを炙り出す狙いがありました。廃止になった旧札は約2か月後の2016年末までに銀行口座に預入しなければ紙屑になります。11月10日に2000ルピー（約3,200円）の新札が発行されることになり、4000ルピー（約6,400円）までは銀行で新札との両替が認められることになりましたが、そもそも新札の供給が間に合わず、ATMは稼動中止、窓口には長蛇の列ができ、混乱しました。

ただ、この荒療治がデジタル決済の急速な浸透を促します。特に、QRコード決済は小売店にとっても導入が容易で、最大手の Paytm のアプリは 1 週間に Android 端末だけで 5000 万回ダウンロードを記録します。因みに、Paytm には日本のソフトバンクグループが出資しており、日本の PayPay は Paytm から技術提供を受けています。

　なお、2023 年 5 月、中央銀行は 2000 ルピー札の流通停止を発表しましたが、デジタル決済が浸透したこともあって、2016 年のような混乱は見られませんでした。

2　CBDC計画でも突然の発表

　2022 年 2 月、財務大臣が予算案の説明の中で「2022 年度中（2022 年 4 月～ 2023 年 3 月）にデジタルルピーを発行する」と発表します。実際、翌 3 月には銀行券にデジタル形式を含むとする中央銀行法改正が行われます。

　インド準備銀行は同年 10 月に CBDC の**コンセプトノート**を公表、12 月にパイロット実験を開始します。2024 年 1 月にはパイロット実験に 400 万人が参加したと公表しています。プログラム可能な機能（プログラマビリティ）やオフライン機能の実装も検討されています。

　正式導入の時期はまだ公表されていませんが、これまで見たようにインドでは重要な決定が突然なされることもあります。パイロット実験の規模では中国がリードしていますが、インドが先進国や中国を尻目に主要国で正式導入する最初の国になる可能性もゼロではありません。インドは IT 大国で知られますが、世界最大の人口を抱える国での CBDC 導入は、サイバー攻撃への対応力を含め、同国の IT 技術力の試金石になります。

FIGURE

38 インド準備銀行法第 22 条 A

22. Right to issue bank notes.

(1) The Bank shall have the sole right to issue bank notes in [1][India], and may, for a period which shall be fixed by the [2][Central Government] on the

---

[1] The word and letter "Part B" omitted by Act 37 of 1956, s. 104 (w.e.f. 1-11-1956).
[2] The brackets and words "(including the autonomous State of Meghalaya)" ins. by Act 55 of 1969, s. 75 were omitted by Act 81 of 1971, s. 72 (w.e.f. 21-1-1972).
[3] Ins. by Act 37 of 1956, s. 104 (w.e.f. 1-11-1956).

39

recommendation of the Central Board, issue currency notes of the Government of India supplied to it by the [3][Central Government], and the provisions of this Act applicable to bank notes shall, unless a contrary intention appears, apply to all currency notes of the Government of India issued either by the [3][Central Government] or by the Bank in like manner as if such currency notes were bank notes, and references in this Act to bank notes shall be construed accordingly.

(2) On and from the date on which this Chapter comes into force the [3][Central Government] shall not issue any currency notes.

[3][**22A. Non-applicability of certain provisions to digital form of bank notes**]

Nothing contained in sections 24, 25, 27, 28 and 39 shall apply to the bank notes in digital form by the Bank.]

> デジタル形態での
> 銀行券発行を規定
> している。

（出所）Reserve Bank of India Act, 1934（As amended by the Finance Act, 2022）

CHAPTER 2 10 基軸通貨ドルのCBDCは技術だけでなく政治のハードルも

FRB*（連邦準備理事会）は2022年に市中協議ペーパーを公表するなど検討を進めていますが、政府や議会両方の承認を得るまでには紆余曲折が予想されます。なお、トランプ前大統領は絶対阻止と主張しています。

1 技術的な検討は着々と進めている

米国はCBDCの技術的な検討は着々と進めているといえます。例えば、ボストン連銀はMIT*（マサチューセッツ工科大学）メディアラボとProject Hamiltonと名付けたプロジェクトを実施し、2022年2月にフェーズ1、2023年8月にフェーズ2の報告書を公表しています。フェーズ2ではEthereum（プログラム可能な暗号資産の代表例）の基盤技術を利用したプログラム可能なCBDCアーキテクチャを検討しています。

米国はデジタル技術やサイバーセキュリティ技術では世界をリードしているだけに、CBDCを本格的に導入するとなれば、技術的には最も頑健なCBDCを構築できる潜在能力を持っているといえます。

2 技術だけで導入できるわけではない

いくら米国が技術的に最も高い潜在能力を持つといってもそれだけでCBDCを導入できるわけではありません。

FRBは2022年1月にCBDCに関する市中協議ペーパー（ディスカッションペーパー）を公表し、2023年4月に市中協議のコメントをまとめた報告書を公表しました。その主な内容は2-11節で紹介しますが、

＊FRB　The Federal Reserve Boardの略。
＊MIT　Massachusetts Institute of Technologyの略。

現時点では論点整理を行った段階です。

　FRBのパウエル議長は「CBDCを進めていくには、政府と議会の両方からの承認が必要」と繰り返しています。バイデン大統領は、2022年3月に、「デジタルアセットの責任ある発展の確保に関する大統領令*」に署名しました。この大統領令を受けて、財務省は2022年9月に省庁横断的な作業部会を設置する報告書を公表しています。

　一見政府の動きは進んでいるようにみえますが、基軸通貨であるドルのCBDCだけに検討すべき論点も多岐に亘り、慎重な検討姿勢が目立っています。

　また、トランプ前大統領は「デジタルドルは絶対阻止」「自由の脅威」との主張を繰り返しています。真意や意図は必ずしも明らかではありませんが、トランプ氏が大統領に復帰すればCBDC検討の推進力は失われる可能性があります。

FIGURE 39　デジタルドルを取り巻く環境

推進にプラスの要素	推進にマイナスの要素
・デジタル技術やサイバーセキュリティ技術の優位性	・基軸通貨としてのドルの立ち位置（失敗は許されない） ・FedNowなど既存の決済サービスの利便性向上 ・パウエル議長「最初より最良」発言 ・トランプ前大統領「絶対阻止」発言

＊…に関する大統領令　英名は「Executive Order on Ensuring Responsible Development of Digital Assets」になる。

ドルのCBDCは「『最初』よりも『最良』を目指す」

基軸通貨であるドルのCBDCは米国内だけでなく世界中に影響を及ぼします。パウエルFRB議長は「『最初』よりも『最良』を目指す」と発言しています。

1 慎重な姿勢を崩さないパウエル議長

中国がデジタル人民元の大規模パイロット実験を行っていることについて、米国でも「基軸通貨としてのドルの地位を守るためにもCBDCの導入を急ぐべき」との議論はあります。ただ、FRB（連邦制度理事会）のパウエル議長は慎重な姿勢を崩していません。例えば、2020年10月にはIMFのセミナーで「米国にとっては『最初に』なるより『正しく』導入することが重要だ」と発言し、その後も同様の説明を続けていますが、この「最初に」はもちろん中国を念頭に置いた発言です。米国内の早期導入論を牽制しつつ、ドルのCBDC導入の影響度の大きさを印象付けています。

なぜFRBは慎重なのでしょうか。FRBは2022年1月にCBDCに関する市中協議ペーパーを公表し、2023年4月に市中からのコメントのサマリーを公表しています。それによると、CBDC導入の潜在的なメリットとして、①将来の決済サービスへの対応、②クロスボーダー決済の改善（海外送金のコスト削減）、③ドルの（基軸通貨としての）国際的役割の維持、④金融包摂、⑤安全な中銀マネーへのアクセス、⑤リアルタイムの経済データの取得による景気判断の精度向上といった点を挙げています。

一方、リスクとして、①預金からCBDCへのシフトが起こり銀行の金融機能が低下、②CBDC発行に伴って仲介機関となる金融機関が負担する対応コストの大きさ、③ストレス時にリスク資産からCBDCへのシ

フトが起き金融不安が増幅する、④金融政策運営への影響、⑤プライバシー、データ保護、⑥金融犯罪、⑦サイバーセキュリティ、⑧オペレーショナル・レジリエンス（システムの耐久性）を挙げています。

　筆者は、③のストレス時にリスク資産から安全資産へのシフトが起きるのはCBDCがない現在でも同じですので、CBDCのリスクとしてことさら強調する必要はないと感じますが、FRBだけでなく市中からのコメントでも慎重なコメントが目立ちます。②の金融機関が負担する導入コストの大きさは金融機関の本音でしょう。

2　当面はFedNowで様子見か

　FRBはCBDCを導入しない場合の代替案として4案ほどを示しています。特に、小口決済を365日24時間実行できるFedNowが稼動したことで中銀マネーによる迅速な小口決済を実現できるようになり、機能的にはCBDCの相当部分をカバーできるといえます。

　⑦サイバーセキュリティや⑧システムの耐久性はどの国でも課題ですが、サイバー攻撃でシステムへの侵入、データの改ざんを許せば、最先端のデジタル技術を自負する米国の国益を毀損するといえます。FRBが慎重になるのも無理ありません。

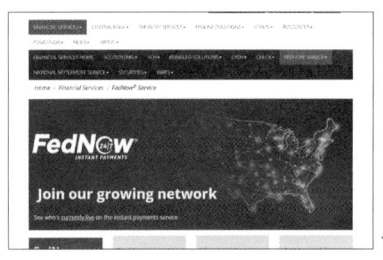

◀ FedNow サービス

FIGURE 40 FRB による市中協議コメントのサマリー

メリット

- 将来の決済サービスへの対応
- クロスボーダー決済の改善
- ドルの国際的役割の維持
- 金融包摂
- 安全な中銀マネーへのアクセス
- リアルタイム経済データの取得

リスク

- 預金から CBDC へのシフト
- 金融機関が負担するコスト
- 金融システムの不安定化
- 金融政策運営への影響
- プライバシー、データ保護
- 金融犯罪
- サイバーセキュリティ
- オペレーショナル・レジリエンス

代替案

- FedNow を含む既存決済システムの近代化
- ホールセール CBDC（wCBDC）
- 適切に規制された民間のイノベーション
- 法規制のアップデート

デジタルユーロはルール作りの検討進む

欧州議会での採決のあと最終判断はECBが行いますが時期は明確になっていません。ラガルドECB総裁は導入に積極的な発言が目立っていましたが、やや慎重化しています。

EU規則案の関連文書にあった「ECBの判断は少なくとも2028年以前になることはない」という注釈はいったん公表されたあと削除されました。推進派と慎重派との間で激しい議論が続いています。

1 政治プロセスでは先進国では一歩リードのユーロ圏

CBDC導入に向けた政治プロセスではユーロ圏は一歩進んでいます。欧州委員会は、2023年6月、デジタルユーロに関するEU規則案を公表しました。「規則（Regulation）」は成立すると加盟国に直接適用されますので法律と同等の効力を持ちます。つまりユーロ圏では、CBDC導入法案が公表されて議会での審議プロセスに入ったことになります。

もっとも、欧州議会での議論は一筋縄ではいきません。2024年6月に欧州議会選挙があったため、審議再開は秋になりそうです。すでに、複数の議員による修正案が出されています。また、閣僚理事会での議論もこれからです。EUの政治プロセスは欧州委員会、欧州議会、閣僚理事会の三者が公式・非公式に調整（trilogue）を行いながら進んでいきます。その間、各国の政権交代や世論の変化の影響を受けます。また、金融機関の中にも推進派と慎重派がいます。金融機関はPSP*としてデジタルユーロの実務を担います。ビジネスの機会であると同時にシステム投資などコストも負担する必要があります。

＊**PSP** Payment Service Providersの略。

　欧州議会が規則を採択した後に、導入の可否の判断、導入時期の判断権はECBにあると明記されています。実は、2023年6月のEU規制案を公表した際のQ&Aには、「ECBが導入の可否および時期を判断するのは少なくとも2028年以前になることはない」という注釈がありましたが、ほどなく削除されました。削除の経緯はよく分かりませんが、調整プロセスに最低でも5年かかると見込んでいたことを示唆しています。

　ECBのラガルド総裁も当初は導入に積極的な発言が目立っていましたが、最近はやや慎重化しています。

2 技術面とルール作りの検討は着々と実施

　ECBの検討は「調査（investigation）フェーズ」を終え、2023年11月から「準備（preparation）フェーズ」に移行しています。準備フェーズの第1段階は2年間の予定で、技術面の実証実験をさらに前に進めるとしています。準備フェーズをさらに進めるかは第1段階を終えた時点で改めて判断する予定です。

　また、ECBはRDG*を組成し、PSPの①ユーザー管理、②流動性管理、③取引管理についてのルールや実務、基準作りを行っています。RDGは金融機関、決済サービス事業者、消費者、企業、小売店などの代表とユーロ圏の各国中銀の代表から構成されています。金融関係者だけでなく、消費者や企業、小売店の代表をメンバーに加えている点が特徴的です。RDGによる最初の草案は2024年1月に公表されました。最終ルールは準備フェーズの第1段階の終了時点までに作成される見込みです。

＊ **RDG** Rulebook Development Groupの略。

41 「準備フェーズ」では手数料体系も議論

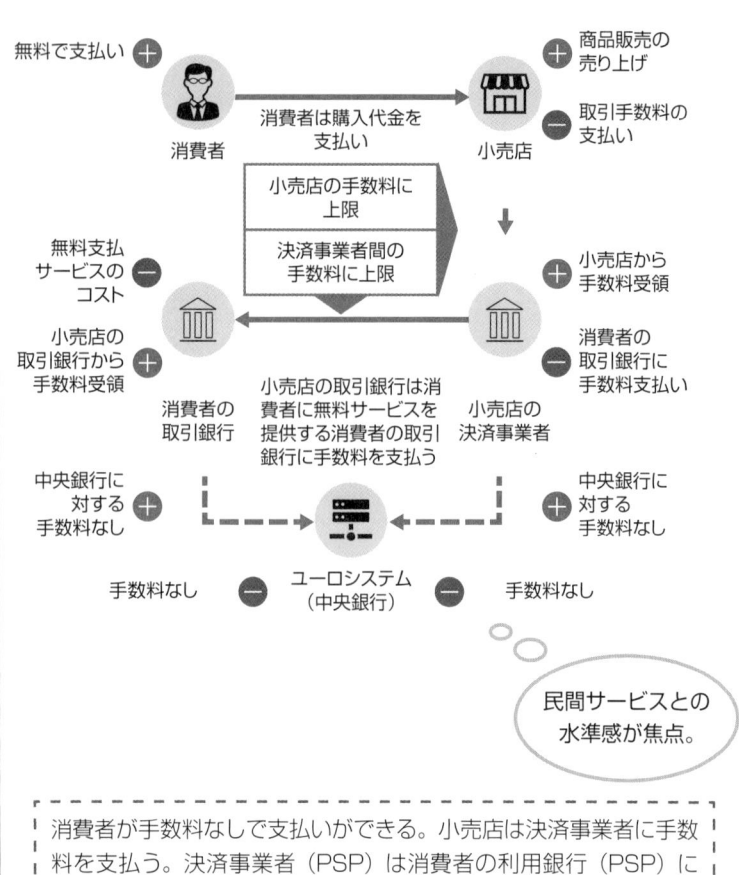

無料で支払い ➕

消費者は購入代金を
支払い

消費者

商品販売の
売り上げ ➕

取引手数料の
支払い ➖

小売店

小売店の手数料に
上限

決済事業者間の
手数料に上限

無料支払
サービスの
コスト ➖

小売店の
取引銀行から
手数料受領 ➕

消費者の
取引銀行

小売店の取引銀行は消
費者に無料サービスを
提供する消費者の取引
銀行に手数料を支払う

小売店から
手数料受領 ➕

消費者の
取引銀行に
手数料支払い ➖

小売店の
決済事業者

中央銀行に
対する
手数料なし ➕

手数料なし ➖

ユーロシステム
(中央銀行)

中央銀行に
対する
手数料なし ➕

手数料なし ➖

民間サービスとの
水準感が焦点。

消費者が手数料なしで支払いができる。小売店は決済事業者に手数
料を支払う。決済事業者(PSP)は消費者の利用銀行(PSP)に
手数料を支払う。小売店が支払う手数料やPSP間の手数料には上
限を設定する。

(出所) ECB "Progress on the preparation phase of a digital euro - First progress report"
(2024年6月)
https://www.ecb.europa.eu/euro/digital_euro/progress/html/ecb.deprp202406.
en.html

CHAPTER 2 13 デジタルユーロは通貨主権の強化を導入目的として明示

欧州委員会が2023年6月に示した規則案は、現時点では先進国の中で最も具体的なものですが、欧州議会の審議では紆余曲折が予想されます。デジタルユーロの導入目的に通貨主権（monetary sovereignty）の強化を明示しているのが特徴です。

導入目的に「欧州の自律性とユーロの国際的な役割の強化」

2023年6月に公表されたEU規則案は、現時点では先進国の中で最も具体的なものといえますが、2-12節でも紹介したように、欧州議会の審議や閣僚理事会での議論は、政権交代や世論の動向も影響し、まだまだ紆余曲折が予想されます。

規則案では、デジタルユーロの導入目的として4点を挙げています。

①いつでもどこでも利用できる公的なデジタル決済手段の提供
②銀行口座を持たない人にもアクセス可能で現金と同レベルのプライバシーが確保されたデジタル決済手段
③小口決済のイノベーションと競争の促進
④欧州のオープンで戦略的な自律性をサポートし、ユーロの国際的な役割を強化

の4点です。

この中で目を引くのが④の「欧州の自律性」「ユーロの国際的役割の強化」です。この点を欧州の当局者はよく monetary sovereignty（**通貨主権**）と表現しています。もちろん、ユーロはドルに次ぐ国際通貨として自律性を確保しているわけですが、デジタルサービスでは GAFAM（グーグル、アップル、フェイスブック（メタ）、アマゾン、マイクロソフト）といった米国の巨大 IT 企業が全世界を席巻しています。今後デジタル決済分野でも同様のことが起きることも考えられます。デジタルユーロは他国サービスへの依存を減らし、欧州の自律性を確保することに役立つと考えられているのです。

2 保有上限額を設定

EU 規則案に示されたデジタルユーロの設計の主なポイントは表のとおりです。保有口座数については、検討の当初は「口座は 1 つしか開設できない」としていましたが、その後複数口座を開設可能とされました。ただ、保有上限額は複数口座の合計額に適用されますので、利用者は口座ごとの限度額を設定する必要があります。合計額が上限を超過していないことを管理する仕組みも必要ですので複雑な運用となります。

また、PSP（決済サービス事業者）が提供するコア機能（必須機能）に口座開設などとともに、**ウォーターフォール機能**（保有上限額を超えた場合に自動的に銀行口座に返金）や**リバースウォーターフォール機能**（支払額が不足する場合に自動的に入金）を含んでいる点も特徴です。

42 デジタルユーロの EU 規則案の主なポイント

法的性質	・法定通貨 ・小売店が他のデジタル決済手段を受け入れている場合にデジタルユーロを受け入れないことは許されない
機能	・オンラインとオフライン決済機能の両方を導入当初から持つ ・プログラムマネー（交換を制限するアルゴリズムを持つデジタル通貨）とはしない ・付利はしない
利用者	・ユーロ圏に居住する個人、設立された企業 ・ユーロ圏に滞在する非居住者 ・取極めが存在するユーロ圏外の個人、法人
サービス提供	・PSP（決済サービス提供者）経由
機能	・コア機能にウォーターフォール機能（保有上限額を超えた場合に自動的に銀行口座に返金）、リバースウォーターフォール機能（支払額が不足する場合に自動的に入金）を含む
保有上限額	・ECB が保有上限額を設定する権限を持つ ・オフライン決済は欧州委員会が AML/CFT の観点から上限を設定する権限を持つ
保有口座数	・複数口座を保有できるが保有上限額は保有口座の合計に適用
プライバシー	・ECB・各国中銀が利用者個人を特定できないように暗号化など最新のプライバシー保護措置を実施 ・ECB・各国中銀・PSP はオフライン決済データを保有できない

英国もデジタルポンドの「設計フェーズ」

2023年2月、BoE（イングランド銀行）は財務省と共同でデジタルポンドに関する市中協議を行い、2024年1月、5万件以上の市中コメントを受けた報告書を公表しました。最短で2025年中に「設計フェーズ」から「構築フェーズ」に移行するかを判断する予定です。

1 プログラム可能な機能や非居住者によるアクセスなどで踏み込んだ検討

英国はユーロ圏と並んで先進国では検討ペースでやや先行しているといえます。2023年2月、BoE（イングランド銀行）は財務省と共同でデジタルポンドに関する市中協議を行い、2024年1月、5万件以上のコメントを受けた報告書を公表しました。デジタルポンドの導入時期については「最速で2020年代後半」という説明がなされています。

市中協議の結果をみると、ユーロ圏や他の先進国と比べて、①自動支払いの設定などプログラム可能な機能（programmability）について、政府やBoEは使途を制限するようなプログラム機能は利用しないものの、利用者は希望すればプログラム機能を設定できることを明確化していること、②プライバシーについて、利用者はPETs*（プライバシー強化技術）を使って利用履歴データの利用をコントロールできる仕組みを装備すること、③非居住者について英国居住者と同じ条件でアクセスを認める、といった点で踏み込んだ検討を行っているといえます。

＊PETs　Privacy Enhancing Technologiesの略。

2 早ければ2025年中に「設計フェーズ」から「構築フェーズ」に移行する可能性

BoE は現在「設計（design）フェーズ」として、実験やPoC（概念実証）や設計の青写真（blueprint）作りなどを行っています。2023年から開始された設計フェーズには2～3年をかける予定としていますので、早ければ2025年中にも「構築（build）フェーズ」に移行するかの判断を行うことになります。構築フェーズではプロトタイプシステムの構築やパイロット実験を行う予定です。

全体として、技術面の検証は他の先進国と同程度のペースですが、制度設計については他国に比べて踏み込んだ検討を行っているのが英国の特徴といえそうです。

なお、政府とBoEは、法案化のプロセスに入る前にもう一度市中協議を行うとしています。

BoE（イングランド銀行）▶
by acediscovery

43 デジタルポンドに関する市中協議報告書

・主なポイント

主なポイント	回答
現金はなくすのか	・現金はなくさない
議会の関与	・本格的な法案審議を始める前にもう一度市中協議を行う
本人確認	・UK Digital Identity and Attributes Trust Framework に基づく本人確認を求める
プライバシー	・政府および BoE は利用者の個人情報にはアクセスしない。犯罪捜査に必要なアクセスは現行法どおり ・利用者が PETs（プライバシー強化技術）を使って利用履歴データの利用をコントロールできる仕組みを装備 ・BoE はプライバシーに関する専門作業部会を設置
プログラム可能な機能（Programmability）	・政府および BoE は利用者の使途を制限するプログラム可能な機能を利用することはない ・利用者が希望すれば特定の使途に自動的に支払いを行うプログラム機能を設定できる
分散型台帳技術（DLT*）の利用	・現時点では、中央管理された分散データベースの利用が DLT より望ましいと考えているが、技術調査を継続
付利	・付利は行わない
残高上限	・当初は上限を設定。上限の水準については幅広い意見
非居住者の利用	・居住者と同じ条件でアクセスを認める

(出所) Response to the Bank of England and HM Treasury Consultation Paper: The digital pound: a new form of money for households and businesses?
https://www.bankofengland.co.uk/paper/2024/responses-to-the-digital-pound-consultation-paper、2024年1月

* **DLT** Distributed Ledger Technologyの略。

CHAPTER 2 15 スウェーデンは先進国でいち早く 構想発表も導入判断はまだ

広い国土なのに人口は少なく現金を流通させるにはコストが高いため、いち早く検討を開始しました。なお、すでに民間デジタル決済手段「Swish」が広く利用されています。

1 先進国ではいち早く「e-krona」構想を発表

スウェーデンは先進国では最も早くCBDCの検討を開始した国です。同国の中央銀行である**リクスバンク**（Riksbank）は早くも2017年9月に最初の「e-krona」報告書を公表しています。2021年4月には「**パイロット・フェーズ**」の最初の報告書を公表し、2024年3月に第4報告書を公表してパイロット・フェーズを終えています。

なぜスウェーデンはCBDCの検討を急いだのでしょうか。スウェーデンの国土面積は約45万km²と日本の約1.2倍ですが、人口は約1000万人と日本の1/12程度と人口密度でみれば1/14程度となります。現金を国の隅々まで流通させるには効率が悪いことになります。

現金流通のコストが高いことは、中央銀行だけでなく、実際に現金流通を担う民間銀行にとって悩みの種でした。2012年には、主要民間銀行がSwishと呼ばれるスマホ用の決済アプリを共同開発し、政府や中央銀行も普及を後押ししました。実際、急速に国民に浸透し、Swishなしでは日常生活が送れないほどの必需サービスとなっています。

現金は法定通貨で強制通用力があるはずですが、「現金お断り」の小売店が出現するほど現金利用は減少しています。現金流通高をみると、Swishが普及した2010年代前半から急速に減少しています。また、経済規模（名目GDP）対比でみれば、1950年代からほぼ一貫して減少しており、現在では1%程度まで下がっています。ちなみに、日本は20%を上回っています（1-16節参照）。

Swishは国民IDと銀行口座と紐付いたBank IDという認証システム を基盤としており、機能的には日本のマイナンバーカードに近いものに なっています。

2 スウェーデンでもCBDC導入の判断はまだ

　このようにデジタル決済の浸透度では中国に匹敵するスウェーデンで すが、CBDC導入の判断はまだ行われていません。中央銀行は技術的な 検証を終え、CBDCの設計と法制化の準備を行うとしていますが、以前 の前傾スタンスに比べるとやや慎重な姿勢も目立ってきました。

　「CBDC導入は究極的には政治判断だ」としており、2023年3月に は「e-kronaの社会的ニーズはまだ不十分」との政府の調査結果も紹介 しています。中央銀行はいつでも導入できるように法案化の作業に入る としていますが、導入時期の見通しが立ったわけではありません。

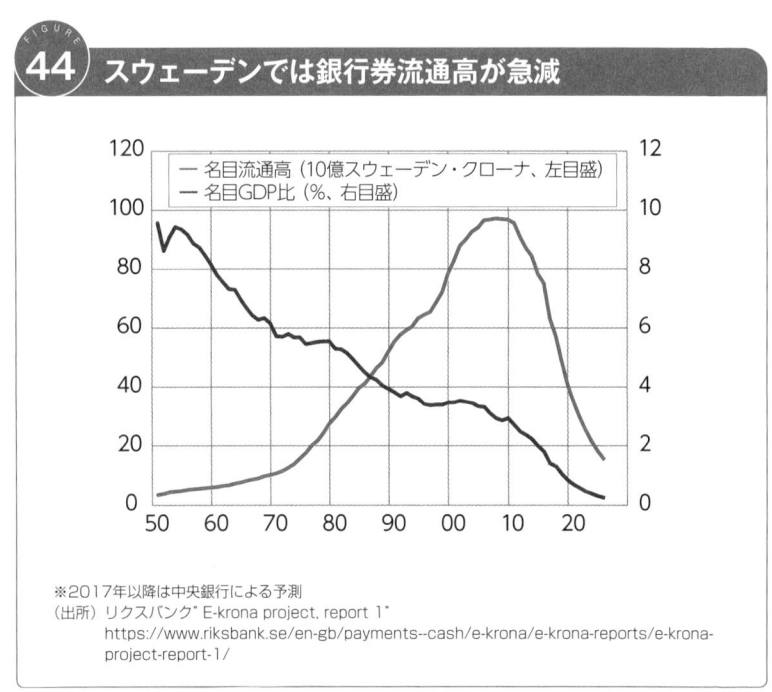

FIGURE 44　スウェーデンでは銀行券流通高が急減

※2017年以降は中央銀行による予測
（出所）リクスバンク" E-krona project, report 1"
　　　https://www.riksbank.se/en-gb/payments--cash/e-krona/e-krona-reports/e-krona-
　　　project-report-1/

CBDCと
民間デジタル決済手段

　CBDCを深く理解するには民間デジタル決済手段との違いに着目することが早道です。もっとも、CBDCと民間デジタル決済手段との役割分担は単純ではありません。

民間デジタル決済手段は 規制対象だが破綻リスクは残る

CBDCは中央銀行が発行しますが、民間デジタル決済手段は事業停止や破綻のリスクがゼロではありません。ただ、法令に基づき安全性を高める措置を講じて利用者保護を図っています。

1 中銀マネーと民間マネー

CBDC と民間デジタル決済手段の大きな違いの 1 つは、CBDC が中央銀行が発行する**中銀マネー**であるのに対し、民間デジタル決済手段は民間事業者の発行する**民間マネー**であることです。

中銀マネーは債務不履行のリスクがゼロ（信用リスクがない）なのに対し、民間マネーは事業停止や破綻のリスクはゼロでありません。もちろん、民間デジタル決済手段も資金決済法などの関連法令に基づき、財産の保全など安全性を高める措置を講じて利用書保護を図っています。

2 民間デジタル決済手段の事業者にも色々ある

本書では、クレジットカードも Suica のような交通系 IC カードも PayPay や楽天 Pay のような QR コード決済も、キャッシュレス決済できるものは民間デジタル決済手段として一括りで説明していますが、実はこれらは法令上区別されているのです。

クレジットカード事業者は主として**割賦販売法**で規制されます。同法は 1962 年に施行された法律です。

Suica のような交通系 IC カード、おサイフケータイや楽天 Edy などの電子マネー、Amazon ギフトカードなどの電子ギフト券は**前払式支払手段**と呼ばれ、発行者があらかじめ利用者から資金を受け取り、利用者が対価の支払いに使用するために発行される支払手段です。

1932 年施行の**商品券取締法**、1990 年施行の**前払式証票規制法**を経て、2010 年施行の**資金決済法**で定義されました。事業者は**前払式支払手段発行業者**と呼ばれます。

一方、PayPay や楽天 Pay などアプリ決済サービスは送金（為替取引）を行う**資金移動業**として 2010 年施行の資金決済法で新たに創設されました。それまでは為替取引は銀行のみが行うことができましたが、100 万円以下の為替取引については銀行以外の者でも資金移動業の登録があれば業務を行えるようになりました。アプリ決済サービスだけでなく外国送金サービスなどもこの資金移動業に含まれます。2021 年施行の資金決済法改正において、認可制としてより厳格な規制・監督を受けることを条件に 100 万円以下という上限を撤廃した**第一種資金移動業者**という区分が設けられました。

前払式支払手段でもアプリで決済できるものも増えたので、資金移動業との区別がつきにくくなっていますが、前払式支払手段は現金化（換金）が不可であるのに対し、資金移動業は現金化が可能です。また、受け入れた利用者資金の保全にも違いがあります（3-2 節参照）。

45 民間デジタル決済手段の法的位置付け

	クレジットカード	前払式支払手段	資金移動業
決済手段	クレジットカード	交通系 IC カード 電子マネー 電子ギフト券	アプリ決済 サービス
主なサービス	VISA、 マスターカード、 JCB など	Suica、PASMO おサイフケータイ 楽天 Edy Amazon ギフト カード	PayPay 楽天 Pay メルペイ d 払い
主な根拠法	割賦販売法	資金決済法	資金決済法
換金（現金化）	不可	不可	可

民間デジタル決済手段の安全性は保全方法次第

決済手段によって裏付けとなるものは決済手段によって異なります。利用者保護を図る措置はありますが、究極的には事業者の財務的健全性が物を言います。今後発行金額がさらに増加すれば利用者資金の保全方法も見直しが必要かもしれません。

1 法的位置付けによって規制や利用者保護も異なる

3-1 節で見たように、一口に民間デジタル決済手段といっても法的位置付けは様々です。法的位置付けが異なれば、業者への規制や利用者保護のための措置も異なります。

まず、**クレジットカード**（割賦販売法では**後払信用**と呼ばれます）は代金の立て替え払いですので、利用者の資金は滞留しません。クレジットカード会社は登録制で、純資産額が 5000 万円以上であることが必要です。

前払式支払手段発行業者は、登録制で、純資産額が 1 億円以上であることが必要です。信用を供与するクレジットカードと異なり、前払式支払手段は利用者の資金を受け入れますので、利用者保護のための保全が必要となります。保全の方法には供託、保証、信託があり、未使用残高の半額以上を保全する必要があります。

資金移動業者は、2021 年の資金決済法改正で送金上限額に応じて 3 類型に分けられ、規制もそれに応じた形で差が設けられました。従来型（**第二種資金移動業者**）は送金上限額が 1 件当たり 100 万円で、利用者資金を滞留させることができます。

46 民間デジタル決済手段の法的位置付け

	クレジットカード	前払式支払手段	資金移動業
決済手段	クレジットカード	交通系 IC カード 電子マネー 電子ギフト券	アプリ決済 サービス
主な根拠法	割賦販売法	資金決済法	資金決済法
換金（現金化）	不可	不可	可
参入形式	登録制	登録制 （第三者型）	登録制、認可制
純資産額	5000 万円以上	1 億円以上	適正な財産的 基礎
上限額	利用者により 異なる	制限なし	5 万円～上限 なし
資金の滞留	なし	あり	あり（例外あり）
利用者資金保全	－	半額	全額
保全方法	－	供託・保証・ 信託	供託・保証・ 信託

資金移動業者にも
様々な種類がある。

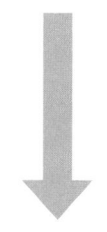

資金移動業者	第一種	第二種	第三種
参入形式	登録制	登録制	認可制
送金上限額	5 万円	100 万円	上限なし
資金の滞留	5 万円以内	可	原則不可
保全	週 1 回算定、3 営業日以内		毎日算定、 2 営業日以内

利用者資金は供託、保証、信託で全額の保全が必要です。少額類型（第一種資金移動業者）は送金上限額が1件当たり5万円以下で、利用者資金も5万円以下であれば滞留可能です。

保全の仕方は第二種の供託、保証、信託に加えて預金で管理することもできます。高額類型（**第三種資金移動業者**）は送金上限額の上限がなくなる代わりに、利用者資金の滞留は原則として認められません。他の2つの類型が登録制であるのに対し、第三種は認可制となります。

2 今後の利用状況次第ではシステミックなインパクトも

ここからは筆者の私見ですが、賃金のデジタル支払が一部の資金移動業者に認められるようになり、利用者資金の滞留金額も増えていくことが予想されます（口座当たりの上限額は100万円です）。今後の利用状況次第では、万が一破綻すると金融システム全体に影響を与える存在になる可能性もあります。

現在の利用者資金の保全方法のうち、供託や信託は資金相当額が分けて管理されていますので破綻しても影響ありませんが、「保証」は銀行がコミットメントライン（貸出枠）で提供しています。保全すべき金額が大きくなるとコミットメントラインの引き出し（ドローダウン）も大きくなり、リスクは銀行に波及します。また、保全額の算定は週1回でよく、3営業日以内の保全と、時間的なラグも気になります。今後見直しが必要かもしれません。

民間デジタル決済手段は規模がない と生き残りが難しい

> リテール（小口）決済は「規模の経済」が働きやすく、簡単なビジネスではありません。初期の赤字に耐えられる資金力と経営体力が必要です。小売店などからの決済手数料、利用データを活用して収益を上げていますが、乱立した事業者がすべて存続できるとは考えにくく、将来的に淘汰される可能性があります。

1 リテール決済は「規模の経済」が働く世界

リテール決済ビジネスは簡単ではありません。サービス提供にはシステム開発、利用者や小売店など加盟店（決済サービスを支払手段として採用してくれる事業者）の獲得のための販促などに多額の費用を要します。

こうした費用を回収し、利益を上げるためには閾値を超えた利用者や加盟店を獲得し、取扱（決済金額）を大きくする必要があります。○○Payなどが大量のテレビCMを流し、インパクトのあるキャンペーンを行うのは、認知度を引き上げ、スケールメリットが得られるようにする必要があるからです。したがって、採算ラインの閾値を超えるまでは赤字が続きます。事業を継続できる資金と経営体力がなければ脱落します。軌道に乗れば、小売店などからの決済手数料、決済データを活かしたビジネスなどが期待できますが、すべての事業者がこれで費用を回収できるとは限りません。

日本ではすでに○○Payなどが乱立状態ですが、利用者もこれらを使い分けるというよりはお気に入りの2〜3のサービスを繰り返し利用するようになるのではないでしょうか。将来的に現在の○○Payのすべてが存続できるとは考え難く、淘汰や合従連衡が起きる可能性が高いと考えています。

　民間デジタル決済手段とはいえない（3-13節参照）ですが、**暗号資産**も資金決済法の守備範囲です。**ステーブルコイン**（3-16節参照）を除けば、暗号資産は取引所で価格がつくものでも価格変動が大きく、支払手段として使うには不向きです。価格変動が大きい理由は、発行に裏付けとなる資産が必要でなく、その根源的価値（ファンダメンタルズ）が評価できないためです。リアルの世界の決済手段と違って、暗号資産をブロックチェーン上に作ること自体に多額の費用を必要としません。もちろん、暗号資産を保有してもらうにはその暗号資産から展開できるビジネスモデルを示し、納得してもらう必要がありますので簡単ではないですが、民間デジタル決済手段とはエコシステムがまったく異なります。

　暗号資産もすでに数えきれないほど乱立しており、いくら初期費用が小さくて済むとはいえ、すべてが存続できるとは思えず、淘汰は必然です。発行者の多くもそれを理解していると思います。

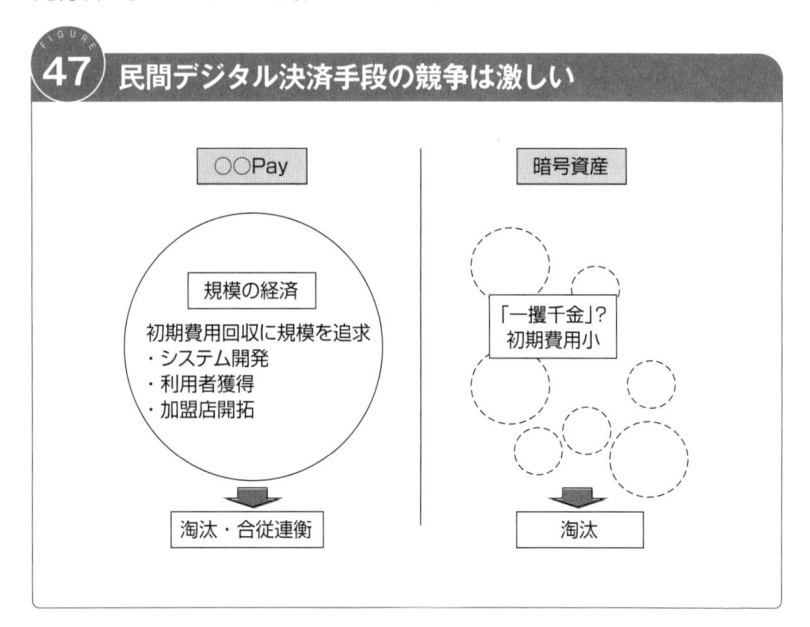

FIGURE 47　民間デジタル決済手段の競争は激しい

○○Pay

暗号資産

規模の経済

初期費用回収に規模を追求
・システム開発
・利用者獲得
・加盟店開拓

「一攫千金」？
初期費用小

淘汰・合従連衡

淘汰

法定通貨のCBDCに勝てる民間デジタル決済手段とは？

法定通貨（法貨）として誰でもどこでも使えるCBDCは現金同様支払手段として欠かせませんが、民間のイノベーションを阻害すべきではありません。CBDCと民間サービスの間には競争と補完の両面があります。

1 CBDCの最大の強みは法定通貨（法貨）であること

クレジットカード、電子マネー、QRコード決済など民間デジタル決済手段が普及したため、小口の支払い手段の選択肢が増え、利便性が向上しました。スマホ決済などは現金では実現できません。

CBDCの最大の強みは法定通貨（法貨）であることです（1-13節参照）。「誰でも」「どこでも」「安全に」「無制限に」に使えるデジタル通貨は、民間で実現することは難しいです。

しかし、民間でしか提供できない利便性もありますので、法貨だからといってCBDCがデジタル決済手段を席巻するとは限りません（1-9節参照）。CBDCと民間との棲み分けは難しいですが、CBDCが民間のイノベーションを阻害すべきではありません。

2 CBDCと民間サービスの「競争」と「補完」

電子マネーやQRコード決済の多くは、スマホ上のアプリで利用されています。CBDCも口座を開設した仲介機関のアプリを通じて発行・利用することが想定されています。アプリの使い勝手や付加サービスは両者が競い合って利便性を高めることができる分野です。

アプリの使い勝手とも関係しますが、他のサービスとのシームレスな連携（**組込み型金融**）やクロスボーダー決済も競争を通じてイノベーションを促進できそうな分野です。

一方、CBDC が民間サービスの「補完」に回る分野もあります。例えば、民間サービスは収益事業ですので、民間がカバーしない小売店も想定されます。また、民間サービスを使いたくない利用者もいるでしょう。CBDC は公共的な性格を持ちますので、図のように民間サービスのカバーしない分野を補完することもできます。

　また、CBDC が民間デジタル決済手段をつなぐ架け橋、共通インフラとしての役割を果たすことも考えられます（3-10 節参照）。すべての民間サービスを無条件でつなぐことにはならないでしょうが、共通インフラとして民間サービスを支える役割を果たすことには大きな意義があります。

　さらに、民間サービスがシステム障害などで利用できない際にバックアップとして機能する最後の砦としての役割もあります。

　このような CBDC の公共的な役割は民間ではなかなか実現できないものです。

48 CBDC と民間サービスは競争と補完の関係にある

競争を通じてイノベーションを促進	CBDC が民間を補完
・アプリの使い勝手や付加サービス ・他のサービスとのシームレスな連携（「組込み型金融」など） ・クロスボーダー決済	・民間サービスの加盟店でない小売店 ・民間サービスを利用しない人 ・民間デジタル決済手段をつなぐ「共通インフラ」の役割（3-10 節参照） ・緊急時のバックアップ（「最後の砦」）

CBDCは民間デジタル決済手段を支える社会基盤？

安全で強制通用力や一般受容性があるCBDCが発行されると民間デジタル決済手段を圧迫（クラウドアウト）する可能性はあります。民間はCBDCにない利便性で対抗する必要がありますが、両者の「公平な競争」の実現は難問です。

1 CBDCは民業圧迫？

CBDC は中央銀行が発行する安全な決済手段です。法定通貨（法貨）として強制通用力や一般受容性を持っていますので（1-12節参照）、もしCBDCが導入されれば、使える場所が限られる民間デジタル決済手段ではなくCBDCを使う人も出てくるかもしれません。

民間デジタル決済手段は普及にあたって、システム開発費をかけ、加盟店を開拓し、使ってもらうために広告宣伝を打つなど、莫大な投資をしています。CBDC の導入は民業を圧迫（**クラウドアウト**）するものとなるのでしょうか。

CBDC が民業を圧迫する意図を持っているとは考えられませんが、結果として民間デジタル決済手段が使われなくなる可能性はあります。かといって、民間サービスに配慮して CBDC の導入をしないというのもおかしな判断です。

2 民間は利便性で対抗すべきだが、そもそも「公平な競争」とは何か

CBDC は現金のデジタル化ですので、ちょうど現金が社会基盤としての役割を果たしているように、CBDC も社会基盤として機能し、民間デジタル決済手段がその基盤の上に利便性の高いサービスを提供するというのが美しい姿といえます。ただ、CBDC と民間が同じデジタル通貨という土俵で勝負する場合、安全性や使える場所（一般受容性）でCBDC

が優位に立つ以上、結局のところ、民間は、アプリの使い勝手とか、ポイントの付与とか、組込み型金融や仮想空間での利用、プログラマブルであること（条件が成就した場合に自動決済されること）といった点で優位に立つしかありません。

　そもそも、CBDC と民間は同じ土俵に立っているのでしょうか。CBDC は現金同様、経済社会の基盤であると同時に、通貨という資産、財産でもあります。CBDC がサイバー攻撃でハッキングされると、財産が喪失すると同時に日本という国への信認を損ないかねません。円は国際通貨の１つですから、ハッキングの標的として狙われることを覚悟すべきでしょう。

　こうした事態を防ぐために、CBDC のセキュリティ対策には最先端の技術と多額のコストを要することが予想されます。このコストを誰が負担するのかは、CBDC 導入の最大の論点といっても過言ではありません。国や中央銀行といった公的部門がコスト負担する CBDC と営利事業である民間デジタル決済手段の公平な競争とは何かは難問です。

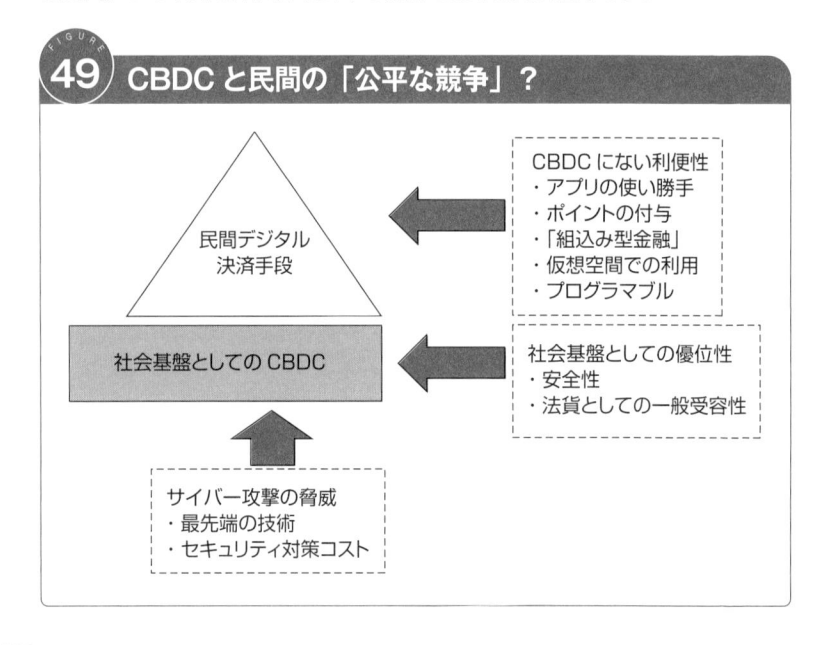

FIGURE 49　CBDC と民間の「公平な競争」？

民間デジタル決済手段

社会基盤としての CBDC

CBDC にない利便性
・アプリの使い勝手
・ポイントの付与
・「組込み型金融」
・仮想空間での利用
・プログラマブル

社会基盤としての優位性
・安全性
・法貨としての一般受容性

サイバー攻撃の脅威
・最先端の技術
・セキュリティ対策コスト

CHAPTER 3 6 デジタルウォレットは データを格納する「財布」

デジタルウォレットとはデジタルアセット※、認証情報、証明書などの電子データを格納する「財布」をいいます。CBDCのエコシステムでデジタルウォレットをどう利用するかについては、取引の匿名性やプライバシーなどの要請に応じ様々なアプローチがあり得ます。

1 デジタルウォレットはデータを入れる「財布」

デジタルウォレットとは、その名のとおりデータを入れる財布のようなものです。財布に何のデータを入れるかで様々な機能のウォレットがあります。

例えば、認証用のデジタルIDウォレットは、格納された秘密鍵データを用いて所有書の指示に基づき認証用のデジタル署名を発行します。毎回認証のためにIDやパスワードを入れずに済みますし、忘れることも防止できます。

また、Apple PayやGoogle Payのようにクレジットカード情報など決済情報を格納しているものも「デジタルウォレット」と呼ばれます。実際に利用するには、デジタルウォレットの認証（顔認証、指紋認証、PINコードなど）からロックを解除し、そこに格納されている決済手段を選択して情報を取り出すことになります。CBDCが導入された後は、その決済手段の選択肢に加わるイメージです。

さらに、設計次第ですが、オフラインでもCBDCを使えるようにCBDCの残高を財布に入れておくという使い方もできるようになるかもしれません。

※**デジタルアセット** ここでは暗号資産（仮想通貨）、ステーブルコイン、CBDCなどを指す。

2 ウォレットサービスのビジネスモデル

　デジタルウォレットの提供者は、仲介機関以外の第三者がイメージされます（仲介機関がサービス提供できないわけではありません）。CBDCを含む様々な決済手段情報の格納や、様々なサイトの認証情報の一元管理にウォレットサービスのビジネス上の優位性があるためです。

　ウォレットのサービス提供者は、セキュリティ面やプライバシー面などで厳重な管理が求められる一方、利用者の利用状況などについてのデータを入手できるというメリットもあります。

　利用者は特定のウォレットに個人情報が集中することを避けるため、認証情報が入っている財布とCBDCが入っている財布を分けるといった選択肢も考えられます。CBDCの利便性、匿名性、プライバシーなどの問題を考えるうえで、ウォレットサービスをどう位置付けるかも重要な論点になります。

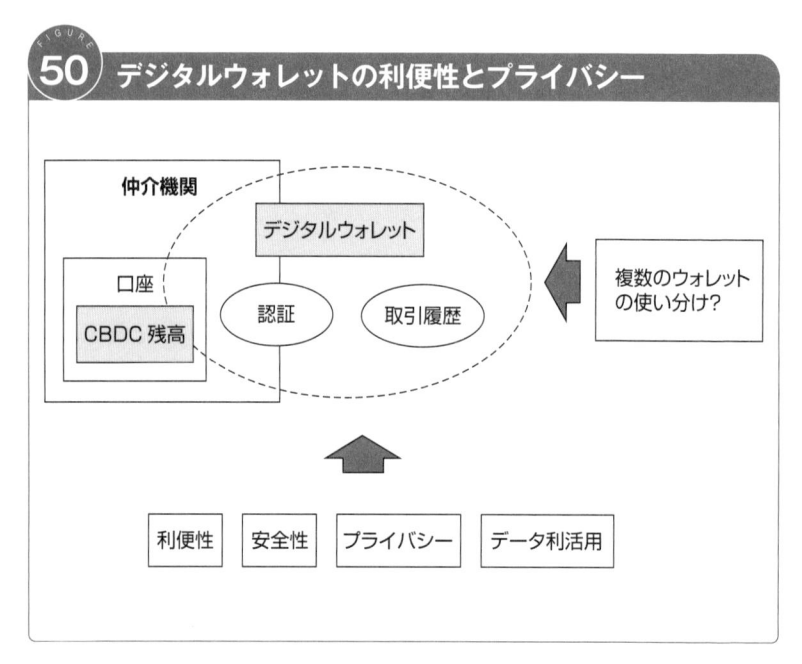

FIGURE 50　デジタルウォレットの利便性とプライバシー

仲介機関

デジタルウォレット

口座
CBDC残高

認証　　取引履歴

複数のウォレットの使い分け？

利便性　安全性　プライバシー　データ利活用

デジタルウォレットを提供するのは民間か公的機関か？

CBDCと民間サービスの役割分担は様々なバリエーションがあり得ます。決済手段はCBDCに収斂させ、民間はウォレットの提供に特化する役割分担も考えられますが、先進国では決済手段もCBDCと民間が共存するとみられます。なお、ユーロ圏では、CBDCを公的IDウォレットで認証して利用することも提案されています。

1 決済手段の棲み分けは国によって違い得る

1-9 節でも述べましたが、CBDC と民間デジタル決済手段との棲み分けは難問です。また、棲み分けのあり方は国によっても違います。

例えば、中国のように、Alipay（アリペイ）と WeChatPay（ウィーチャットペイ）が事実上キャッシュレス決済の標準となり市場が寡占状態になっている状況で、CBDC がどこにユースケース*を見出すかは難しいところです。利用者も Alipay や WeChatPay に不便を感じているわけではないからです。

もっとも、中国当局は Alipay を運営するアリババや WeChatPay を運営するテンセントといった**中国版 BigTech** には厳しい目を向けてきました。両者の存在感が大きくなり過ぎることを警戒しているとみられています。

中国は**デジタル人民元（e-CNY）**（2-4 節参照）を推進していますので、今後は決済手段は e-CNY に収斂させ、民間はウォレットサービスに特化させるという政策を打ち出す方向性もゼロではないかもしれません。民間がほしいのは消費者の購買データなどであり、その収集はウォレットを通じて可能だからです。

***ユースケース** ビジネスとして成立する事業モデルなどをいう。

一方、日本や欧米のような先進国では、国の政策で民間のビジネスの方向性を決めることは「民業圧迫」とか「民間のイノベーションを封じる」といった批判は免れません。先進国では決済手段でもCBDCと民間との間の競争と補完（3-4節参照）を前提に、そこにウォレットサービスが独自の付加価値を提供するという構図がメインシナリオになりそうです。

2 ユーロ圏はEUの「公的IDウォレット」の利用も視野

　そうした中で注目されるのは、EU（ユーロ圏）の動きです。2023年6月に欧州委員会が公表した資料によると、EUがデジタルIDイニシアティブとして推進しているEUデジタルIDウォレット（EUDIW）を使って、デジタルユーロの認証を行えるとしています。

　EUDIWの利用は強制ではなく、民間の認証サービスからデジタルユーロにアクセスすることも可能とするようですが、日本でいうマイナンバーカードに当たるEU各国のeIDも格納されるEUDIWをデジタルユーロの利用にも使おうとするEUの動きは注目されそうです。

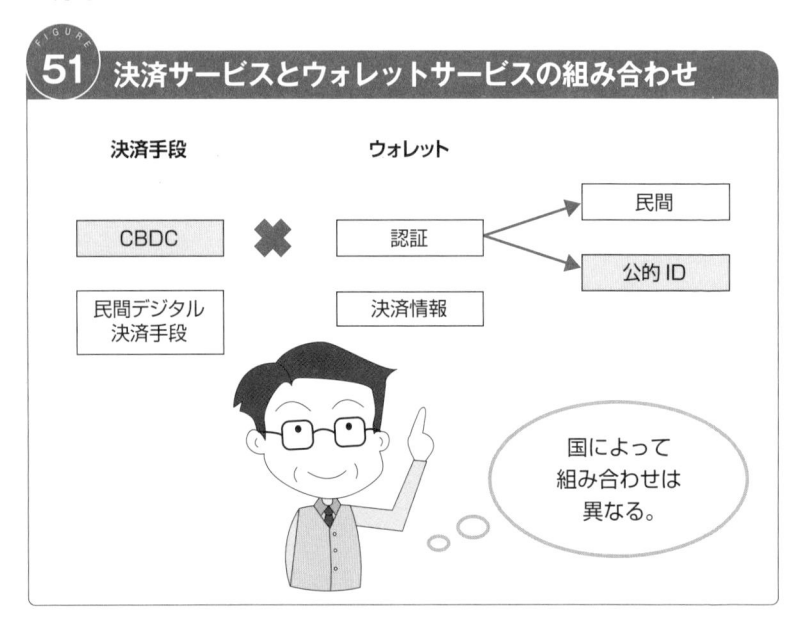

FIGURE 51　決済サービスとウォレットサービスの組み合わせ

預金は現金やCBDCと
等価交換可能な特別な金融商品

預金は、現金と自由な等価交換が認められている特別な金融商品です。CBDCとも等価交換が認められる予定です。

1 ありきたりに見えるが本当は特別な金融商品

預金は国民のほとんどが保有している金融商品です。全国銀行協会の調査（2021年）によれば、18歳以上の90.6%が銀行に口座を保有し、その他の業態を合わせると99%以上が口座を保有しているとのことです。その意味では預金は最もありふれた金融商品ですが、実は**普通預金（当座預金）**は特別な金融商品です。

まず、普通預金は現金と自由な等価交換が認められています。皆さんがATMで現金を下ろすとき、普通預金残高を引き落として、それと同額の現金を手に入れます。普通預金は民間金融機関の負債、現金は日本銀行の負債ですので、実はATMでの現金取引は、民間と日銀の負債を等価交換していることになります。つまり、民間金融機関の債務でも国（中央銀行）と同等の安全性が認められていることになります。

2 規制・監督、セーフティネットで現金との等価交換、決済が可能に

では、なぜ民間金融機関の債務でも国（中央銀行）の債務と同等とみられているのでしょうか。それは、国や中央銀行が厳しい規制・監督を行い、また、預金保険制度のような預金者保護のためのセーフティネットが整備されているからと考えられます。

銀行などの預金取扱金融機関には、自己資本規制や流動性規制など様々な規制や監督が厳格に適用され、過大なリスクテイク[※]を監視する体

＊**リスクテイク**　リスクをとること。

制があります。また、万が一、金融機関が破綻しても、一定限度（当座預金は全額、普通預金や定期預金などは 1,000 万円まで）は保護されます。

　また、当座預金や普通預金といった要求払い預金（いつでも払い戻すことができる預金）は決済にも用いられます。公共料金やクレジットカード代金の決済、またデビットカードの引落も普通預金口座で行われます。このように、普通預金は現金と同様、決済手段としても使われています。要求払い預金は現金同様、決済にも使えるので「**預金通貨**」とも呼ばれます。

　預金は、現金との等価交換が認められているように、CBDC とも等価交換が認められる予定です。

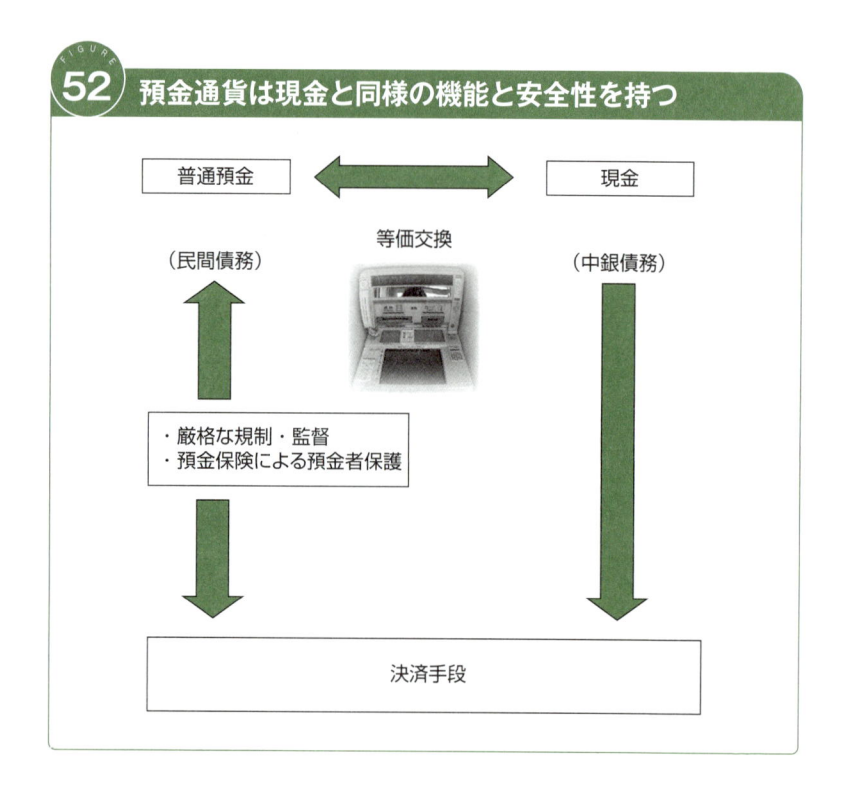

預金からCBDCに過度なシフトが起きないようにする

> 銀行預金は利子がつく安全な金融商品として引続き重要です。また、銀行が貸出などを行うための安定的な資金調達手段としても重要です。そのため、銀行預金からCBDCへの過度なシフトが起きないようにする必要があります。

1 CBDCは銀行預金の代替にはならない

現在でもATMで現金を引き出すときには、銀行預金（普通預金）を引き落として、現金を手に入れています。CBDCでは利用者は仲介機関に口座を開設することが想定されていますが、仲介機関には銀行も含まれます。銀行にCBDCの口座を開設した利用者は、多くの場合、当該銀行に普通預金口座を持っているとみられます。

この場合、CBDCを保有する際には、現金同様、普通預金を引き落とし、CBDC口座の残高を増やす取引を行うことになります。つまり、CBDCを利用するうえで、普通預金口座は引続き重要です。

さらに、CBDCに利子やポイントがつくことは現時点では想定されていません（3-11節参照）。これも現金と同じです。銀行預金は元本が保証され、利子がつく安全な金融商品として、決済機能に特化したCBDCとは異なる特徴を持っています。CBDCは銀行預金の代替にはならないと考えるのが自然です。

2 銀行預金から大規模な資金シフトが起きるとき

上記のように、銀行預金はCBDCに比べ有利な特徴を持つ金融商品ですので、平常時に銀行預金からCBDCに大規模な資金シフトが起きるとは考えにくいですが、銀行の信用不安が起きた場合には、預金保険のような預金者保護のセーフティネットがあったとしても（3-8節参照）、不安心理からCBDCに預金が流出する事態もあり得ます。大規模な預

金流出が起きることを**取り付け**[*]といいますが、預金から CBDC へのシフトは 1 クリック（ポチ）でできることから、**デジタル取り付け**[*]があっという間に起きる可能性もゼロではありません。

こうした急速な資金シフトでなくても、CBDC の利便性が高まったり、給与を CBDC で受け取ったりする人が増えれば、徐々に預金残高が減っていくことは考えられます。

CBDC は中央銀行の負債であり、仲介機関の負債ではありませんので、銀行預金が減ると、それだけ銀行が貸出に回せる資金が減ることになります。預金は銀行の安定的な資金調達源ですので、経済への悪影響を避けるために、CBDC の保有残高に上限を設けたり、一定以上の保有には手数料を課したりする考え方も有力です。

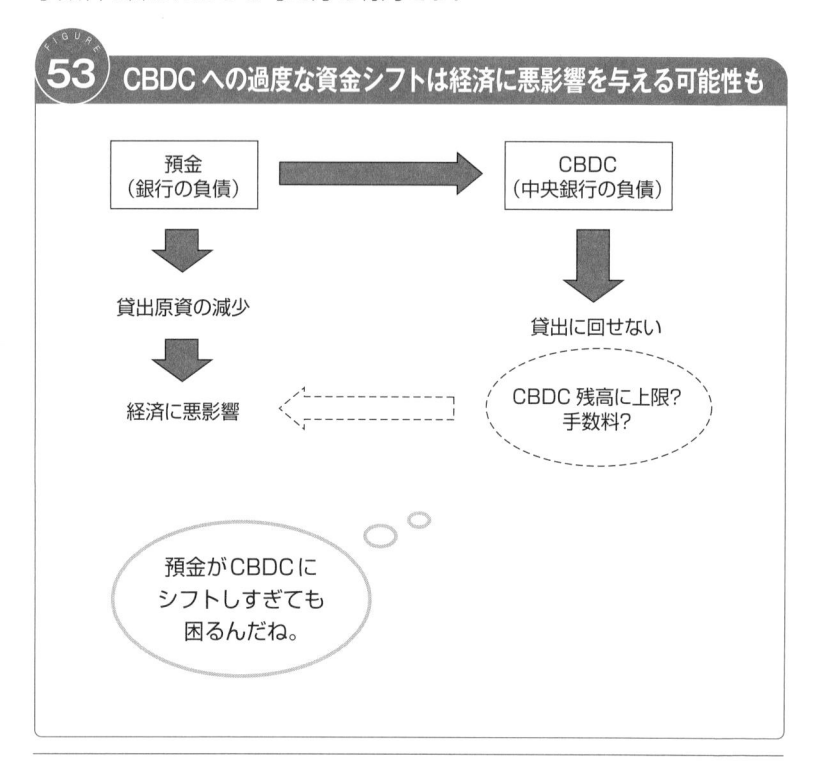

FIGURE 53 CBDC への過度な資金シフトは経済に悪影響を与える可能性も

預金
（銀行の負債）
→
CBDC
（中央銀行の負債）

貸出原資の減少

貸出に回せない

経済に悪影響

CBDC 残高に上限?
手数料?

預金がCBDCに
シフトしすぎても
困るんだね。

---

[*]**取り付け**　bank runのこと。デジタル取り付けはdigital bank runという。

民間デジタル決済手段にCBDCとの等価交換を認めるべきか？

民間デジタル決済手段とCBDCは交換できることが想定されていますが、そのために必要な民間デジタル決済手段への規制・監督のあり方には議論の余地があります。

1 CBDCは民間デジタル決済手段の「架け橋」の役割も

CBDCと民間デジタル決済手段の棲み分けの姿を予想するのは難しいですが（1-9節参照）、競争と補完という両方の関係が考えられます（3-4節参照）。

2024年4月に公表された「CBDCに関する関係府省庁・日本銀行連絡会議・中間整理」では、「各種の決済手段間の相互運用性の改善や競争促進・ネットワーク効果のさらなる発揮の観点から、CBDCが一定の役割を果たすことが考えられる」として、「異なる決済手段間の交換を担保する」役割が期待されています。すなわち、民間デジタル決済手段の「架け橋」としての役割です。

民間デジタル決済手段の中には、残高の現金化ができない（**前払式支払手段**）とか、現金化や銀行口座に戻すのに一定の手続きを要するものもあります。ましてや、ある民間デジタル決済手段を別の民間デジタル決済手段に直接交換することはできません。

ただ、CBDCが民間のサービスと相互運用性（相互に自由なデータ交換ができるようなシステム間の連携ができること）があれば、CBDCが間に入ることで民間サービス間の交換もできるようになります。

CHAPTER 3 CBDCと民間デジタル決済手段

2 「相互運用性」と「交換を担保」の要件

この提言には**相互運用性**というシステム面での要件と「**交換を担保**」という金融取引としての要件が含まれています。

まず、相互運用性というシステム面の要件は、デジタル決済のメリットを生かす上で重要です。CBDC のシステムにはサイバー攻撃などの脅威に対する高いセキュリティ対策が求められますが、民間のシステムと相互に自由なデータ交換ができるような共通基盤とする検討も必要になります。

一方、どんな民間デジタル決済手段でも交換を担保すべきでしょうか。民間デジタル決済手段に対しては、資金決済法などによる規制・監督が行われていますが、CBDC と等価交換される預金と同等の規制・監督がなされているか不断の評価が必要です。

銀行と民間デジタル決済手段を提供する業者は同じビジネスモデルではないため、同じ規制に服する必要はないですが、特に利用者保護のための資産保全には厳格な規制が必要です（3-2 節参照）。

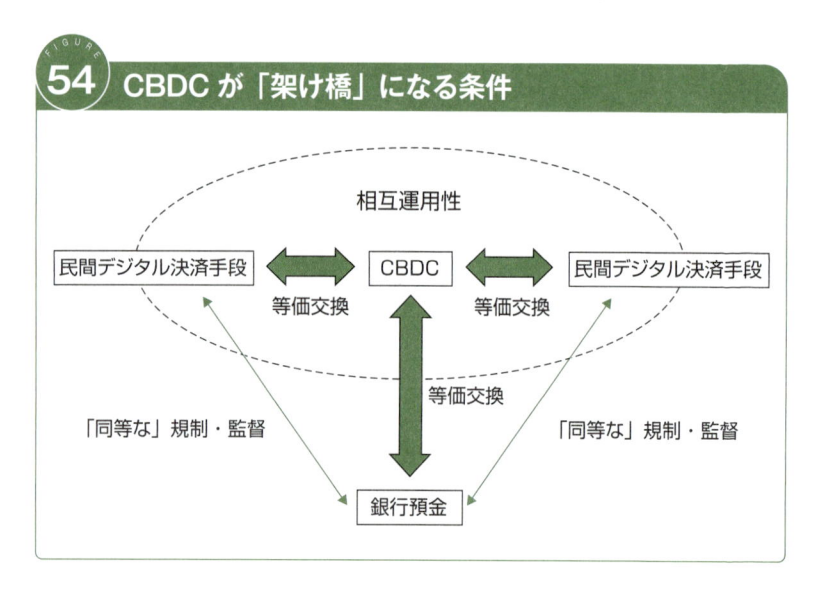

FIGURE 54 CBDC が「架け橋」になる条件

相互運用性

民間デジタル決済手段 ⇔ CBDC ⇔ 民間デジタル決済手段
等価交換　　　　　　　等価交換

等価交換

「同等な」規制・監督　　　　　　　　　「同等な」規制・監督

銀行預金

CBDCに利子やポイントはつかない

理論上は可能ですが、現在のところCBDCに利子やポイントがつくことは想定されていません。CBDCは「誰でも使える」「どこでも使える」ものとして存在意義があります。

1 CBDCに利子をつけることは理論上可能だが...

現金には利子がつきません。ただ、インフレでお金の価値が目減りすると、現金の実質価値も下がります。一方、デフレで物価が下がると、現金で買えるものが増えますので、現金の実質価値は上がります。

預金であれば、インフレになると一般に金利が上がりますので、預金の利子も増えます。つまり、額面の実質価値の減少を利子で補うことができます。インフレでは利子がつかない現金は**機会費用**（1-16節参照）が大きいので、現金から預金など利子がつく金融資産へのシフトが起きます。逆に、デフレでは機会費用が小さいので、現金の発行高が伸びる傾向があります（1-16節参照）。

CBDCの本質はデータですから、利子をつけることは理論上可能です。例えば、利子が1%ならば1万円の残高を1年後に残高を10,100円にすればよいのです。この場合、CBDCは現金というより預金に近いものになります。

CBDCに利子をつけるというアイデアは、日本や欧州で政策金利がマイナス金利になった際によく議論されました。現金はマイナス金利にできませんが、CBDCはマイナス金利にできるので、金融政策の効果を浸透させやすいのではないかという議論です。

55 CBDC と民間 QR コード決済の比較

▼利用者の視点

	CBDC	民間 QR コード決済
利用できる小売店	「どこでも使える」が目標	加盟店
支払手段	残高	残高
自動チャージ	口座開設した仲介機関次第	あり
ポイント・利子	つかない	つく
決済データの扱い	未定（日銀は取得しない）	取得される

▼小売店の視点

	CBDC	民間 QR コード決済
手数料	口座開設した仲介機関次第	あり
入金のタイミング	原則として即時	業者次第
決済データの扱い	未定（日銀は取得しない）	取得される

（注）CBDC は「口座型」で発行した場合

CBDCはどこでも
使えるけどポイントは
つかないんだね。

ただ、仮に、CBDC にマイナス金利を適用できても、現金は CBDC 導入後も残りますので、CBDC から現金へのシフトが起きるだけです。これでは現状と変わりませんので、CBDC に利子をつけて金融政策の手段として活用するという議論は下火になっています。

2 CBDCはリテール決済の「アンカー（錨）」

　PayPay や楽天 Pay など民間デジタル決済手段の中にはポイントがつくものがあります。ポイントがつくので、CBDC が導入されても民間のサービスを利用したいという人もいると思います。民間のサービスは加盟店からの手数料収入や利用データを活用して収益を生み出し、それをポイントの原資としていることになりますが、CBDC は収益化を目的にしていません。

　一方で、小売店からすれば、民間のサービスでは取られる手数料が CBDC では取られない（あるいは少額）とすると、CBDC での決済を好む可能性もあります。

　CBDC は「誰でも使える」「どこでも使える」ことが存在意義です。いわば、リテール（小口）決済のアンカー（錨）のような役割です。その中で民間とのサービスとどう棲み分けるのか（1-9 節参照）、コスト負担や手数料体系をどうするかは難問です。

CBDCは仮想通貨（暗号資産）ではない

CBDCはデジタル通貨ですが、暗号資産ではありません。

1 「暗号資産」には定義がある

CBDCはデジタルアセットであると同時にデジタル通貨です。ビットコインなど暗号資産（仮想通貨）はデジタルアセットではありますが、一般にデジタル通貨とはされていません。

ビットコインは、「仮想通貨」と、通貨のように呼ばれていた時代もありますが、通貨としての属性を必ずしも備えていないため、誤解を避けるうえで、G20などの国際フォーラムでは暗号資産（crypto asset）と呼ぶことにしました。わが国でも2018年に金融庁が「暗号資産」と呼ぶことを表明しています。

FSBの暗号資産の定義は「民間が発行するデジタルアセットの一類型で主に暗号技術や分散型台帳技術（DLT）を利用するもの」です。

CBDCは、中央銀行が発行するデジタルアセットですので、「民間が発行する」という点で暗号資産ではないです。また、暗号技術はCBDCにとっても重要な要素技術になりますが、DLTについては、一般利用型CBDCで利用されるかはまだわかりません。このように、CBDCはFSBの暗号遺産の定義に当てはまりません。

2 実は日本の「暗号資産」の定義は広いようで狭い

日本では、資金決済法が暗号資産を規制する法律ですが、同法の第2条第14項に暗号資産の定義があります。同法の定義は複雑で分かりにくいので、定義を構成する要素を抜き出してみます。

①対価の弁済のために不特定の者に対して使用することができ、かつ、②不特定の者を相手方として購入および売却を行うことができる財産的価値であって、③電子情報処理組織を用いて移転することができるもの

　これが第 2 条第 14 項第 1 号の定義で、これだとデジタルアセット全般が暗号資産に該当するように読めます。なお、第 2 号では、暗号資産と交換できるデジタルアセットも暗号資産とされています。

　FSB の定義のうち、「民間が発行する」という部分は日本の資金決済法では明示されていません。また、FSB の定義にある暗号技術や DLT の利用は電子情報処理組織、すなわち、コンピュータシステムやネットワークと一般化されています。

　この定義だけでは、デジタルアセットの一種である CBDC は暗号資産に含まれそうです。実は、第 1 号の定義には「本邦通貨及び外国通貨、通貨建資産並びに電子決済手段（通貨建資産に該当するものを除く。）を除く」という除外規定があります。これによって、CBDC が除外されるのはもちろん、裏付資産のある通貨建てステーブルコインである「電子決済手段」（3-19 節参照）も暗号資産でないことになります。

　裏付資産のあるステーブルコインは FSB の定義では暗号資産に該当しますので、日本の暗号資産の定義は広く見えて狭いことになります。

56　暗号資産の定義の違い

	FSB の暗号資産の定義	日本の暗号資産の定義
CBDC	×	×
裏付資産のあるステーブルコイン	○	×

（注）裏付資産がなく、アルゴリズムなどで価値の安定を図ろうとするステーブルコインは日本でも暗号資産とされています。

ビットコインは通貨の機能を満たしていない

ビットコインは暗号資産で裏付け資産はありません。価値の変動が大きく、「通貨」としての機能を満たしているとはいえません。

1 ビットコインは通貨の機能をすべて備えているとはいえない

3-12 節では暗号資産の定義から、CBDC と暗号資産の違いを確認しました。ここでは、機能面から CBDC と暗号資産の代表例であるビットコインを比較してみます。

ビットコインは「コイン」と名が付いていますが、通貨が備える３つの機能（①交換機能、②価値尺度機能、③価値保存機能）を満たしているとはいえません（1-8 節参照）。

ビットコインは一時 1BTC（ビットコイン）が 1,000 万円を上回る水準まで価格が高騰したほか、米国では大手資産運用会社が ETF（上場投資信託）に組み込むなど、③価値保存（貯蔵）機能はあるともいえますが、その点だけでいえば、金やダイヤモンドなど貴金属と変わりはありません。金は通貨として使われていた時代もありましたが、現在は①交換機能や②価値尺度機能の意味で通貨として使われることはなくなりました。

ビットコインも同様です。リアルの世界で支払いをビットコインでできる小売店は、存在しますが、一般受容性に欠けます。また、②価値尺度機能としては不向きです。それは**価格変動（ボラティリティ）**が大きいためです。

2 裏付資産のないビットコイン

ビットコインの価格変動が大きいのは、価格が需給関係のみで決定されるためです。特に、ビットコインは一定周期で供給量が半減する「半

減期」があらかじめアルゴリズムで決まっており、需給関係がタイトになることを見込む投機的な資金が流れやすい構造にあります。「半減期」があることでマイニング＊の報酬も高くなりがちです。価格水準の拠り所になる本質的価値（fundamental value）についての共通理解がないため、価格水準が適正かどうかの評価はできません。ビットコインの発行に裏付けとなる資産がないことも価格変動を大きくする一因となっています。

一方、CBDCは日本円をデジタル化したものですので、他の通貨との相対的な価値（＝為替レート）は変動しますが、直接的には中央銀行の資産、究極的には国の信用力を裏付けとしています。法定通貨で強制通用力や一般受容性があるため、①交換機能を備えているのは当然、価値が相対的に安定しているため、②価値尺度機能、③価値保存機能も備えています。

FIGURE 57　CBDC とビットコイン

	CBDC	ビットコイン
発行体	中央銀行	なし（事前に定式化された供給量をマイニング）
発行基盤	未定	ブロックチェーン
法定通貨	○	×
一般受容性	○	×
裏付資産	あり	なし
仮想空間での利用	リアル世界での利用が中心	適している
取引履歴	追跡可能だが開示は設計次第	客観的に検証可能
価格変動	安定的	大きい
交換機能	○	△
価値尺度機能	○	×
価値保存機能	○	△

＊**マイニング**　データの真正性を検証する作業。

CBDCを仮想空間でも使えるように するアイデアもある

設計次第ですが、プログラマブル（プログラム可能）なデジタル通貨として仮想空間で使えるようにするアイデアもあります。

1 CBDCで実現できるサービスは仲介機関次第

　CBDC は仲介機関に開設した口座を通じて利用します。したがって、どの仲介機関でも提供する**コアサービス**（口座の管理や入出金や送金などの基本的なサービス）に加えて、仲介機関がどのような利便性を提供するかは、仲介機関次第といえます。

　卑近な例でいえば、仲介機関がスマホのアプリを通じて CBDC のサービスを提供する場合、アプリの機能性や使い勝手、連携するサービス（そのアプリを出発点として提供されるミニアプリサービスなど）の数や多様性などで CBDC の使い勝手や利用できるシーンが変わってきます。

　仮想空間の定義次第ですが、ネットショッピングの決済を CBDC でするといったことは、仲介機関が提供するアプリからできるようになるのではないかと思います。

　仮想空間の意味が暗号資産を使ったエコシステムのようなものを指すならば、イーサリアム（Ethereum）のブロックチェーン・プラットフォーム上で展開される**スマートコントラクト**を活用した P2P 取引（仲介者を要しない直接取引）や DeFi（分散型金融）を CBDC で実現できるかという問題になります。スマートコントラクトとは、特定の条件が成就すると自動的に取引や契約が実行されるプログラムを指します。これが実現できるかは、CBDC の技術基盤や拡張性など設計に依存します。

2 プログラマビリティ（programmability）はより広い概念

　プログラマビリティはスマートコントラクトと似た概念ですが、必ずしもイーサリアムのブロックチェーンに限られず、決済システムなどコンピュータネットワーク上で取引などを実行できるプログラムを動かせることを指します。すなわち、プログラマビリティはスマートコントラクトより広い概念です。リアルな世界でも仮想空間でも実現可能です。

　銀行API*を使って金融サービスと他のサービスを連携させる**組込み型金融**（embedded finance）はその代表例です。これでサービスの提供と代金支払いなどをシームレスに実行できます。

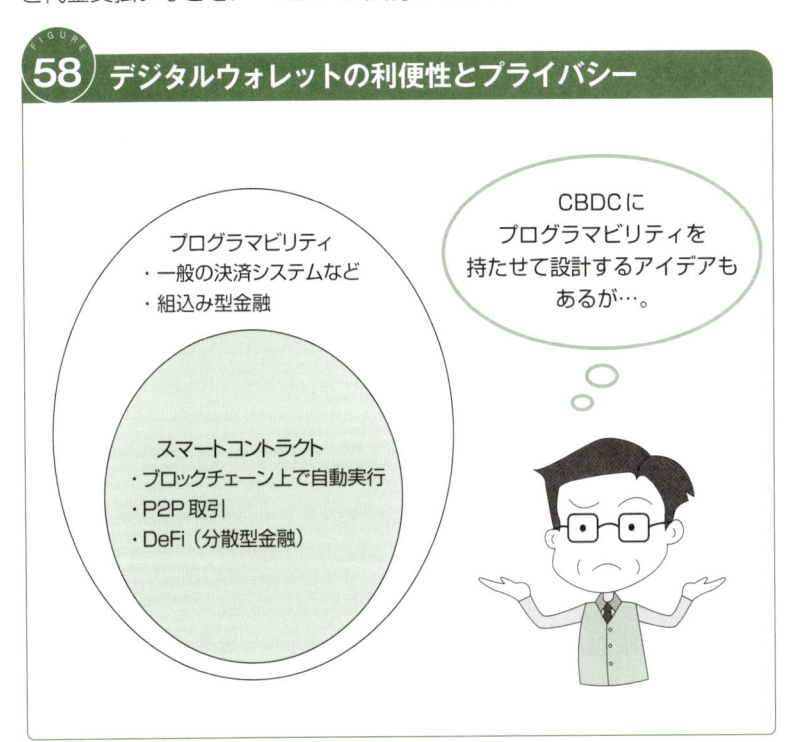

FIGURE 58　デジタルウォレットの利便性とプライバシー

プログラマビリティ
・一般の決済システムなど
・組込み型金融

スマートコントラクト
・ブロックチェーン上で自動実行
・P2P取引
・DeFi（分散型金融）

CBDCに
プログラマビリティを
持たせて設計するアイデアも
あるが…。

＊ **API**　Application Programming Interfaceの略。

CBDCがスマートコントラクトを実装すべきか議論がある

今後の設計次第ですが、CBDCが仮想空間で使われるにはスマートコントラクト機能が必要との議論はあります。ただ、その機能はステーブルコインが担えばよいとの声もあります。

1 スマートコントラクトはステーブルコインで十分？

3-14節でみたように、**スマートコントラクト**はプログラマビリティより狭い概念です。今後の技術動向次第ではありますが、現在のところイーサリアムのブロックチェーンネットワーク上で実装されています。CBDCのシステムがイーサリアム上で構築される可能性は小さそうですし、イーサリアムで動作可能な仕組を組み込めるかどうかもわかりません。

イーサリアム上でスマートコントラクト機能を実装できる暗号通貨でDeFi（分散型金融）は実現できていますので、わざわざCBDCがこの領域にサービスを提供する必要はないとも考えられます。価値が安定した暗号通貨が必要であればステーブルコイン（3-16節参照）を利用すればよいと考えられます。

2 プログラマビリティは仲介機関のサービスで可能

プログラマビリティはスマートコントラクトより汎用的な概念です。銀行APIを利用した組込み型金融（3-14節参照）などはすでに実現していますので、仲介機関のアプリなどを通してCBDCでも実現可能とみられます。CBDCのコアサービスと位置付けるよりも仲介機関による**追加的サービス**と位置付けることになるでしょう。

ただ、例えば、**デジタルユーロ**ではプログラマビリティは実装しないとの方針を明確にしています。その理由は「公的当局が特定の目的のために用いられるプログラムを実装するのは、デジタルユーロの使われ方を公的当局が制限することになるから」というものです（欧州委員会、2023年6月28日）。

　確かに、公的当局がCBDCの使途を制限するとか、取引の自動実行を組み込んだりするのは利用者にかえってリスクを負わせる結果になりかねません。ただ、仲介機関のサービスとして利用者が選択できるならばCBDCの利便性を高めることになります。

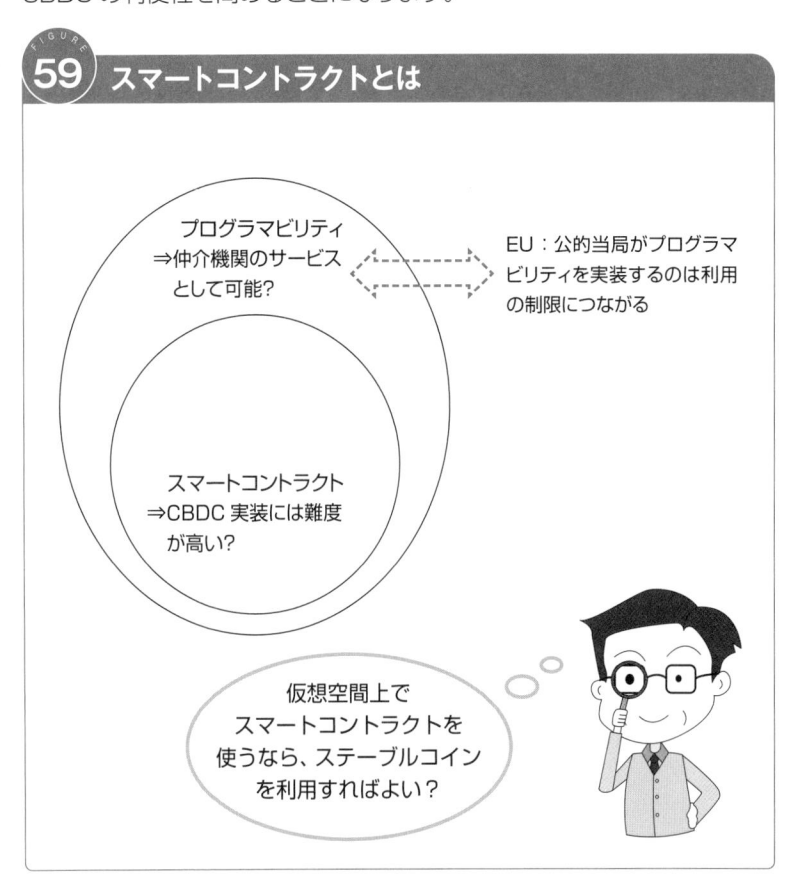

FIGURE 59　スマートコントラクトとは

プログラマビリティ
⇒仲介機関のサービス
として可能？

EU：公的当局がプログラマ
ビリティを実装するのは利用
の制限につながる

スマートコントラクト
⇒CBDC実装には難度
が高い？

仮想空間上で
スマートコントラクトを
使うなら、ステーブルコイン
を利用すればよい？

ステーブルコインは価値が安定した民間デジタル通貨

ステーブルコインは、法定通貨などを裏付けとして価格の変動を小さくするよう設計されたデジタル通貨です。日本では、デジタルマネー類似型と暗号資産型に分かれています。

1 現実が先行、失敗例も

ステーブルコインについて国際的に定まった定義はまだありません。FSB（金融安定理事会）は「特定の資産もしくは資産のバスケットに対して安定的な価値を維持することを目的とする暗号資産」と定義しています（2023年）。

ステーブルコインは、暗号資産取引やP2P送金（ブロックチェーンを使った個人間送金）、スマートコントラクト（自動取引）、DeFi（分散型金融）など、仮想空間での通貨として使われるようになってきました。ビットコインのような暗号資産は価格（価値）変動が大きく、送金や取引代金の決済には不向きです。「仮想空間上のドル」を求める声に対応したのがステーブルコインといえます。

2019年にはフェイスブック社（当時：現Meta）が**リブラ（Libra）構想**を打ち出し、国境を超え、世界中で使われるステーブルコイン（**グローバルステーブルコイン：GSC***）の登場が現実味を帯びました。当局の危機感が高まり、G20はFSBに規制の検討を要請します。

この間も、仮想空間で使われるステーブルコイン（ほとんどがドル建て）の発行は活発化しますが、2022年には**テラ**と呼ばれたステーブルコインがほとんど無価値に大暴落します。テラには裏付資産はなく、アルゴリズムで価値を安定させようとしたものでした。

＊ **GSC** Global Stable Coinの略。

また、2023年にはステーブルコインの流通高で2位のUSDCが裏付資産の一部に破綻したSVB（シリコンバレーバンク）への預金だったため、一時1USDCが0.8ドル程度まで下落するなど、ステーブルコインがステーブルでない例も見られました。

　それでも、最大の流通量のテザー社のUSDTの流通高は1,000億ドル（約15兆円）を超え、ビットコイン取引の3/4近くがUSDTで行われるようになっています。

2　規制実施では日本が先行

　リブラ構想以来、FSBやバーゼル委など国際的な規制議論の場や各国当局はGSCを含むステーブルコインの規制を検討してきました。

　FSBは2023年にGSC向けの勧告を最終化したほか、バーゼル委も裏付資産などの規制案を検討中です。日本では、法定通貨の価値と連動した価格で発行され、発行価格と同額で償還を約するデジタルマネー類似型とそれ以外の暗号資産型に分けて規制を行う、資金決済法改正が2023年に施行されました。

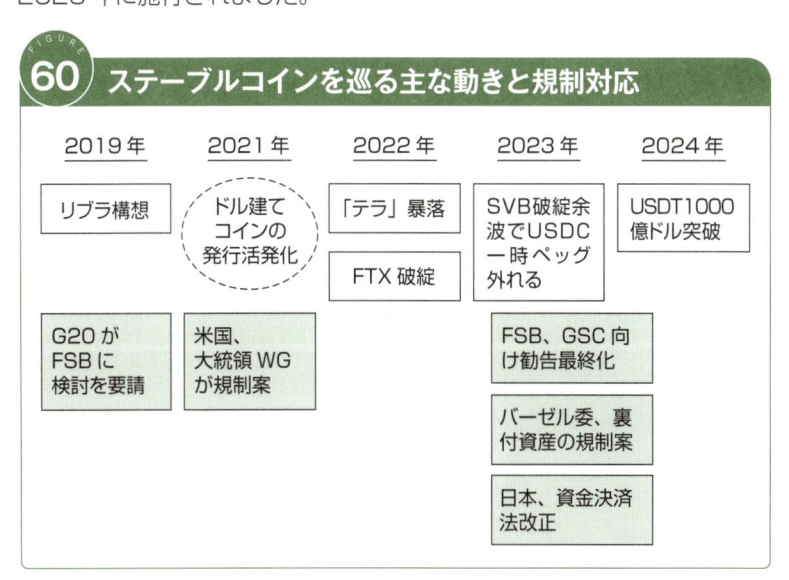

FIGURE 60　ステーブルコインを巡る主な動きと規制対応

2019年	2021年	2022年	2023年	2024年
リブラ構想	ドル建てコインの発行活発化	「テラ」暴落 FTX破綻	SVB破綻余波でUSDC一時ペッグ外れる	USDT1000億ドル突破
G20がFSBに検討を要請	米国、大統領WGが規制案		FSB、GSC向け勧告最終化 バーゼル委、裏付資産の規制案 日本、資金決済法改正	

CBDCは法定通貨、ステーブルコインは民間通貨

CBDCは中銀が発行する法定通貨ですが、ステーブルコインは民間が発行するデジタル通貨で法定通貨などを裏付けとするものです。

1 ステーブルコインはブロックチェーン上に存在

現在流通しているステーブルコインのほとんどが米ドルに連動しています。ドルのCBDCは発行されていませんが、ステーブルコインはドルのCBDCを代替するものになるのでしょうか。

まず、ステーブルコインはブロックチェーンの基盤上で発行され、暗号資産取引やDeFi（分散型金融）など仮想空間で利用されています。CBDCは現金の代替ですので、リアルの小売店やネット通販など、仮想空間以外での利用が中心になるとみられます。

CBDCは法定通貨ですので、強制通用力や一般受容性があります。ステーブルコインでも最大の流通高のテザー社のUSDT*などはビットコインの取引「通貨」の約3/4を占めていますので、限られた用途では一定の一般受容性があると認められますが、強制通用力やより普遍的な一般受容性はありません。

＊USDT　米ドルに連動したステーブルコインの一つ。

2 問題は裏付資産

　先行して法改正を行った日本はともかく、ステーブルコインの裏付資産についてはまだ国際的な規制は定まっていません。

　民間が発行主体であるステーブルコインでは、通貨発行益を最大化する動機も否定できません。もちろん、発行したステーブルコインが「テラ*」のような大暴落（3-16節参照）を起こして誰も使わなくなったら元の子もありませんので、裏付資産の健全性、価値維持の安全性は大前提ですが、そのうえで裏付資産から得られる利子や裏付資産の値上がり益も獲得したいと考えている発行体もあるとみられます。

　中央銀行は国債を中心とした安全性の高い資産を中心に保有しますが、ステーブルコインの裏付資産にはビットコインのような暗号資産が含まれるものもあります。裏付資産が発行高を上回る状態を維持することでステーブルコインの安全性を確保しようとしていますが、裏付資産の価格下落などでステーブルでなくなる可能性も否定できません。

61 利用シーンは異なるが共通点も多い

	CBDC	ステーブルコイン
発行体	中央銀行	民間
法定通貨	○	×
裏付資産	中央銀行の資産 究極的には国の信用	国債、金、暗号資産、アルゴリズム（裏付資産なし）など様々
利用できる場所	小売店での買い物 インターネット取引 （仮想空間）	仮想空間
発行基盤	検討中	ブロックチェーン
通貨発行益	裏付資産の利子など 経費を除き国庫に納付	裏付資産の利子など

*テラ　価格が暴落したステーブルコインの名称。

ステーブルコインは
特定の取引や経済圏で利用

ステーブルコインは法定通貨でないので、強制通用力や一般受容性がありません。特定の取引や経済圏、仮想空間の中で使われることが想定されています。CBDCにプログラマビリティが付与されなければ、自ずと棲み分けが起きると考えられます。

1 ステーブルコインはCBDCを代替できない

今後ステーブルコインが一般利用される可能性がないとはいえませんが、現状、ステーブルコインはブロックチェーンを利用して行われる様々な取引*における通貨として利用されています。

すなわち、ステーブルコインは、強制通用力や一般受容性といった法定通貨が持つ性質を備えることを目的にするものというより、特定の経済圏での利便性を高めるものとみることができます。

したがって、一般利用型CBDCとステーブルコインは利用されるシーンが異なる補完的な存在といえるでしょう。

2 CBDCにプログラマビリティが備わると
ステーブルコインを駆逐？

すべてのステーブルコインにスマートコントラクト機能*が実装されているわけではありませんが、DeFiなどの暗号資産のエコシステムの中で資金決済の利便性を高めるために、多くのステーブルコインには、それが展開されているブロックチェーンの規格がスマートコントラクトを実装できるように設計されているとされます。

CBDCにスマートコントラクトを可能とするような規格（プログラマビリティ）が実装されるかはわかりません。

*様々な取引　暗号資産取引、P2P送金、スマートコントラクトを利用した取引、DeFi（分散型金融）など。

米英などはプログラマビリティを検討の選択肢として排除していませんが、ユーロ圏（デジタルユーロ）はプログラマブルなものにはしないと表明しています。

　わが国は、2024年4月に公表された「CBDC関係府省庁・日本銀行連絡会議」の中間整理で、「条件付き決済サービス（筆者注：プログラマビリティ、スマートコントラクトで実現できるサービスを指すものとみられる）のように、CBDCの利便性を向上させる『追加サービス』」を仲介機関やその他の民間事業者に担わせる選択肢も示しています。

　仮に、CBDCがそうした機能を持つと、ステーブルコインと守備範囲が重なってきます。ステーブルコインもCBDCに駆逐されないような利便性を備える必要が出てくるかもしれません。

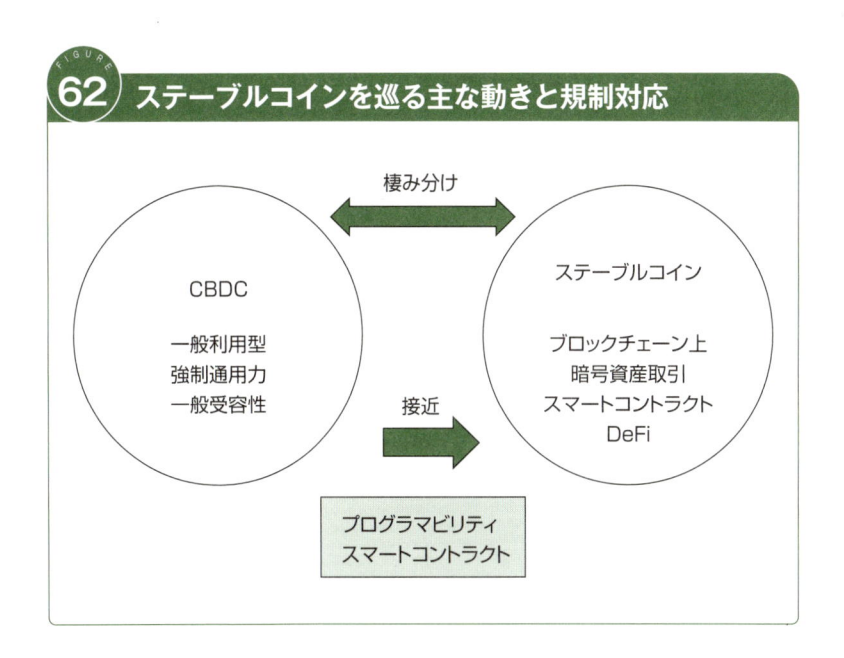

FIGURE 62　ステーブルコインを巡る主な動きと規制対応

棲み分け

CBDC

一般利用型
強制通用力
一般受容性

ステーブルコイン

ブロックチェーン上
暗号資産取引
スマートコントラクト
DeFi

接近

プログラマビリティ
スマートコントラクト

＊**スマートコントラクト機能**　3-15節参照。

日本ではステーブルコインの法整備が進んでいる

2023年6月、改正資金決済法が施行、世界でもいち早くステーブルコインに関する法制度が整備されました。

1 日本はステーブルコインをいち早く法制化

2019年のフェイスブック社（当時：現Meta）のリブラ構想をきっかけに、FSB（金融安定理事会）やバーゼル委といった金融規制の国際フォーラムや世界中の当局はステーブルコインの規制のあり方について検討してきました（3-16節参照）。

ニューヨーク州法など規制の例はありますが、国際フォーラムでの議論が続く中、いち早く日本は国レベルの包括的な法整備を2023年6月に行いました（改正資金決済法の施行）。

法定通貨建てのステーブルコインを2類型に分類、1つは十分な裏付資産がある**デジタルマネー類似型**、もう1つはアルゴリズムなどで価値を安定させようとする**暗号資産型**です。そして、前者は**電子決済手段等**と呼び、一般の暗号資産と区別し、厳格な規制や財産保全を求める代わりに利用者保護を厚くしました。後者は一般の暗号資産として取り扱います。

63 ステーブルコインを巡る主な動きと規制対応

法定通貨建てステーブルコイン

デジタルマネー類似型	暗号資産型
裏付資産あり	裏付資産なし
法定通貨の価値と連動した価格で発行され、発行価格と同額で償還を約するもの	左記以外（アルゴリズムで価値の安定を試みるもの等）

電子決済手段等

暗号資産等

発行者	銀行	信託銀行信託会社	資金移動業者	外国発行
発行するもの	預金のみ	電子決済手段	電子決済手段	電子決済手段
財産保全規制	健全性規制等	信託による分別管理（預金による保全）	供託による分別管理	国内電子決済手段等取引業者による保全
送金上限	なし	なし	100万円	100万円

日本では
いち早く法制化が
進められた。

発行体は銀行、信託銀行（会社）、資金移動業者のみ

　国内でデジタルマネー類似型のステーブルコインを発行できるのは、銀行、信託銀行（信託会社）、資金移動業者のみです。発行できる業態を規制・監督の枠組みが整っている業態に絞ることで、円滑な発行を確保する意図が感じられます。

　このうち、銀行は他の業態と比べてやや特殊です。他の業態は発行するステーブルコインに見合う資産を分別管理して保全するのに対し、銀行は銀行のバランスシート全体が見合いに、預金をステーブルコインとして発行します。「預金をトークンにしたもの（tokenized deposit）」とみてもよいかもしれません。預金ですので預金保険の保護の対象です。

　信託銀行（会社）や資金移動業者が発行するステーブルコインは電子決済手段と呼ばれ、見合い資産を分別管理することで価値を保全します。このうち、信託銀行（会社）が発行する場合は預金で保全します。資金移動業者が発行する場合は供託による分別管理を行い、100万円の送金上限があります。

　外国で発行されたステーブルコインは、国内の電子決済手段等取引業者が、預かり分の見合い資産を保全すること等を条件に、国内で取り扱うことができます。これにも100万円の送金上限があります。

日本でのステーブルコインの発行が始まる

2023年の法整備以前にも日本円のステーブルコインを発行する動きはありました。新たな法規制に基づいた発行は早ければ2024年中に行われる見込みです。

1 法整備以前にも日本円ステーブルコイン発行の動き

ファイスブック社のリブラ（Libra）構想のようなグローバルステーブルコイン（GSC）の動きは、当局が厳しい規制の方針を打ち出したことで後退しましたが、ドル建てのUSDTなどの発行量は2021年頃から急増しました。暗号資産取引に加え、スマートコントラクトを実装した取引やDeFi（分散型金融）などで利用されるようになったためです（3-17節参照）。

日本でも、2021年にJPYC社が「JPYC（JPY Coin）」の発行を開始しました。この時点では、資金決済法上「自家型前払式支払手段」という位置付けで、暗号資産のブロックチェーン上で発行され、利用者間の送金（P2P送金）や暗号資産との交換に利用されることが想定されています。また、利用者は保有するJPYCを当社に送金して、リアルの世界での物品購入にも使えるとしています（同社が代理購入）。

また、2020年にディーカレット社が「デジタル通貨勉強会」を発足させ、2021年にはDCJPY（仮称）のホワイトペーパーを公表しました。

法改正を受けて、JPYC 社は資金移動者および電子決済手段等取引会社として登録し、改正法に基づくステーブルコインに移行する予定と聞きます。また、DCJPY は銀行（GMO あおぞらネット銀行）が発行するステーブルコイン（預金型デジタルマネー）として発行予定と聞きます。

　これ以外にも、Ginco 社などが発行を予定しています。

2　発行用ブロックチェーン・プラットフォームの提供

　現在計画されている日本でのステーブルコイン発行プロジェクトの中には三菱 UFJ 信託銀行（MUTB）からスピンオフした Progmat 社が発行・管理用ブロックチェーンを提供するものが複数みられます。こうしたステーブルコインを始めデジタルアセットの発行プラットフォームを提供するビジネスも重要です。Progmat 社以外にも G.U. Technologies 社など、同様のプラットフォーム提供を計画している先もあります。

　CBDC が導入された場合、CBDC とステーブルコインのユースケースで棲み分けが成立するのか、それとも CBDC がプログラマビリティなどを備えてステーブルコインが得意とする領域に入っていくのか（3-18節参照）、まだ見通せませんが、まずはステーブルコイン発行が日本の金融サービスをどう変えていくか興味深いところです。

FIGURE 64　日本で取扱予定の主なステーブルコイン（SC）

SC名	JPYC	DCJPY	XJPY/XUSD	珠洲トチカ	USDC
通貨建て	日本円	日本円	日本円、米ドル	日本円	米ドル
SCの類型	電子決済手段	預金型デジタルマネー	電子決済手段	預金型デジタルマネー	外国電子決済手段
発行体	JPYC社	GMOあおぞらネット銀行	Ginco社など	北國銀行	米Circle SBI VCトレード社が仲介
発行体の業態	電子移動業者	銀行	電子移動業者	銀行	外国発行
発行プラットフォーム	Progmat	ディーカレットDCP	Progmat	Digital Platformer	外国発行

（注）多くが計画段階のため変更の可能性あり

様々な企業が
発行を予定している
んだね。

157

Fast Payment Systemは
リテール決済や国際送金を効率化

中央銀行や民間が運営する小口決済システムで、多くの場合24時間稼働しています。銀行以外の資金決済業者も参加できます。小口送金が安価で便利にできるので、CBDCの完全な代替ではないものの、機能の一部を実現するものといえます。

1 世界各国でFPSが導入、国際送金に使われる例も

FPS[*]は、小口決済の利便性向上を目指して、中央銀行や民間が運営するシステムで、**インスタントペイメント**とも呼ばれます。民間が運営する場合も銀行協会など業界団体や大手銀行が出資した会社が運営主体になることがほとんどです。

日本では**全銀システム**[*]という銀行間の振込などを処理する決済システムが1973年に稼働しています。ATMやインターネットで振込依頼をすると、振込先が別の銀行でも多くの場合数分以内に入金されます。この利便性は日本では以前からごく当たり前のものですが、他国ではそうとは限りませんでした。欧米の先進国でも最近まで入金に数営業日を要することが珍しくなかったのです。

2010年代に入ると、FinTechスタートアップなどが小口決済分野で存在感を高めると、銀行界でも迅速に安価に送金できるシステムの構築が求められるようになってきました。さらに、FPS同士が接続して国際送金に使われる例も出てきました。シンガポール（PayNow）とインド（UPI）は2023年に相互接続しています。

＊**FPS**　Fast Payment Systemの略。Instant Paymentとも呼ばれる。
＊**全銀システム**　振込などに使われる民間決済システム。

全銀システムも 24 時間 365 日稼働のための改良が 2018 年になされました。また、大手銀行が設立し、2022 年に開始した**ことら送金**は 10 万円まで手数料無料の送金サービスを提供しており、預金口座だけでなく携帯番号でも送れるなど、FinTech サービスを意識したものになっています。参加者も銀行や信用金庫などの金融機関に加え、資金移動業者（3-1 節参照）にも広げたい考えです。

全銀システムはシステムの可用性（障害で停止せず稼働すること）が高い頑健なシステムですが（ただ、2023 年 10 月に初の大規模システム障害が発生）、そのぶん維持コストは高くなりがちです。今後、全銀システムは API*ゲートウエイを導入し、維持コストの低下や資金移動業者などへの開放をさらに進める計画です。

FIGURE 65 FPS は 2016 ～ 2018 年に相次いで導入

	名称	運営主体	導入年
米国	FedNow	中央銀行（FRB）	2023
	RTP	民間（TCH）	2017
ユーロ圏	TIPS	中央銀行（ECB）	2018
	RT1	民間（EBA Clearing）	2017
英国	FPS	民間（Pay.UK）	2008
オーストラリア	NPP	民間（NPPA）	2018
シンガポール	PayNow	民間（ABS）	2017
インド	UPI	民間（NPCI）	2016
日本	全銀システム	民間（注1）	1973（注2）
	ことら	民間（ことら）	2022

（注 1）全銀システムの運営主体は一般社団法人全国銀行資金決済ネットワーク
（注 2）全銀システムは 2018 年に 24 時間 365 日稼働に移行

＊ **API** Application Programming Interfaceの略。

2 CBDCの代替は意図していないが、中銀にとっては ありがたい存在

　導入時期からもわかるように FPS は CBDC の代替を意図したもので
はありませんが、小口決済の利便性を高めて、CBDC が実現したいユー
スケースを一部実現したともいえます。

　CBDC の導入にはサイバー攻撃対策、プライバシーの問題など克服す
べき課題が山積しており、中銀にとっては慎重にならざるを得ません。
FPS は中銀にとって当面 CBDC の機能をある程度代替するものとして
ありがたい存在に見えているはずです。

CBDCの設計

　CBDC の詳細な設計はこれからですが、大枠は見えてきました。仲介機関の役割、残高制限、付利、匿名性やプライバシー保護、コスト負担、海外の CBDC との相互運用性など論点は多岐にわたります。

CBDCの発行には口座型と
トークン型がある

CBDCの発行形態には口座型とトークン型があります。また、中央銀行が直接発行する場合と仲介機関を通じて発行する場合があります。

1 口座型とトークン型

　CBDCの発行形態には概念的に**口座型**と**トークン型**があります。口座型とは、利用者が開設したCBDC口座に対してCBDCを発行し、その口座からCBDC残高を引き落としたり、口座に入金したりすることで財産的価値を移転するものです。ちょうど、利用者が預金のようにCBDCを扱うイメージです。

　一方、トークン型は、スマートフォンのアプリやICカードなどのデータ記録媒体にデータとして記録することでCBDCを発行するものです。「現金をデータとして電子ウォレット（財布）に入れる」イメージです。

　口座型は口座の記録を書き換えることで価値（権利）が移転しますので、オンラインでの利用が前提となりますが、トークン型はスマホアプリやICカードに貯蔵してある価値（stored value）を媒体間で移転するのでオフラインでも利用できます。鉄道の改札をSuicaやPASMOで通過するのと同じです。

　口座型であればオンラインなので遠隔地間で取引できますが、トークン型は媒体間で価値移転が可能な物理的な近接さが前提*となります。

　口座型とトークン型はどちらか一方を選択するのでなく、両方を併用（ハイブリッド）することもできます。

＊…**近接さが前提**　オンラインでのトークンの利用については4-2節参照。

66 CBDC の 2 つの発行形態

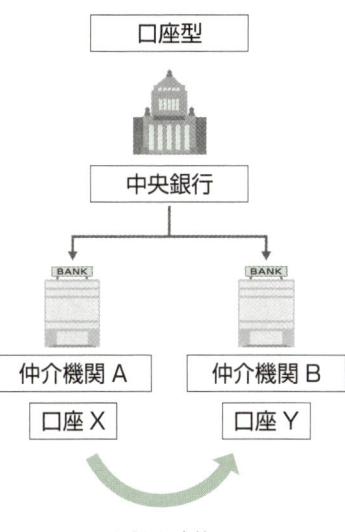

口座型

中央銀行

仲介機関 A　口座 X

仲介機関 B　口座 Y

XからYに支払

・口座型、間接発行の例
・オンラインで X が口座 X の残高を引落、口座 Y に入金するよう指図
・遠隔地間でも取引可能
・仲介機関 A や B は XY の取引を把握可能

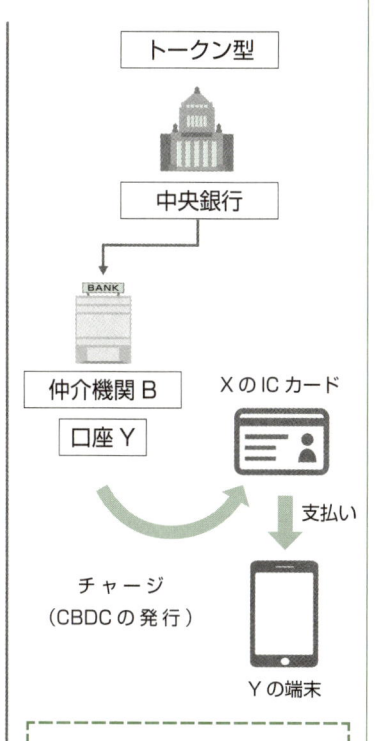

トークン型

中央銀行

仲介機関 B　口座 Y

X の IC カード

チャージ
（CBDC の発行）

支払い

Y の端末

・ICカードにCBDCデータを記録
・オフラインで支払い可能
・物理的な近接さが必要
・仲介機関 A は XY の取引を把握できない（取引の秘匿を守れる）

両方を併用する
ハイブリッド型も
ある。

　また、CBDC の発行形態には、利用者が中央銀行に直接口座を開設して CBDC の発行を受ける**直接発行**と、仲介機関に口座を開設する**間接発行**があります。

　ちょうど銀行が預金者の口座を通してお金の動きを把握できるように、中央銀行に直接口座を開設すると、中央銀行という公的な機関が（その意思がなかったとしても）国民のお金の動きを直接把握できる状態になってしまいます。したがって、少なくとも先進国の中央銀行では直接発行を志向する国はないと思われます。

　なお、間接発行であったとしても、利用者が保有するのはあくまで中央銀行の負債であって仲介機関の負債ではありません（3-8 節参照）。

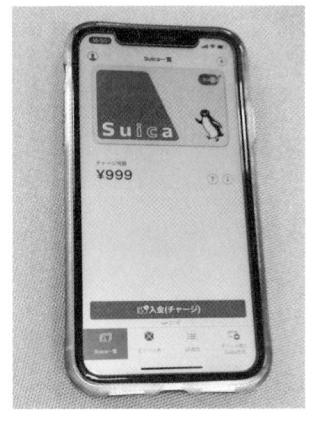

◀ トークン型は IC カードなどと同じ by Keita.Honda

トークンは権利をデータにして流通可能にする

トークンとは権利や財産的価値を表す流通可能なデータをいいます。CBDCは口座型での発行を軸に検討されていますが、トークンとして小額を流通させ、オフラインでの利用や取引の匿名性・秘匿性を守ることを併用することも考えられます。

1 トークンとは権利をデータに化体させて流通可能にしたもの

トークンは CBDC の文脈だけで使われるものではなく、ブロックチェーンを利用した金融取引など様々な文脈で使われます。その本質は、通常流通性や譲渡性がない権利をデータに化体*させて譲渡可能とすることです。権利を化体させて譲渡・流通可能とするというと有価証券が頭に浮かびますが、トークンはそれをデータのかたちにしたものといえなくはありません。

トークンとして CBDC を発行・流通させる仕組みの一例については4-1 節で示しました。トークンに CBDC の価値（データ）を貯蔵（store）させる方法はこれに限られませんが、そもそも現金を Suica にチャージするのと CBDC を IC カードに貯蔵することは本質的な違いがありません。CBDC のデータを格納できるデバイスがあれば足りるということになります。

ブロックチェーンで流通するトークンと同様、デバイスに格納することなく、CBDC のデータをそのままトークンとしてブロックチェーン上で流通させることも考えられますが、それは CBDC をブロックチェーン基盤上で発行することに近いため、現在のところは検討の対象とはなっていないようです。

*化体　権利を見える形で表すこと。

多くの国では CBDC は口座型（4-1 節参照）での発行を軸に検討されていますが、取引の秘匿やプライバシーという点では口座型には限界があります。この点、小額についてトークン型の発行を認め、オフラインで取引することで、現金と同様の匿名性や取引の秘匿性を実現することができます。

　また、災害時などオンラインが使えない状況でも取引を可能とする利点もあります。日本では、CBDC の導入当初はオンラインの途絶には現金で対応するという案が中心ですが、ユーロ圏ではトークン型の利用が想定されているようです。

67　トークンとは

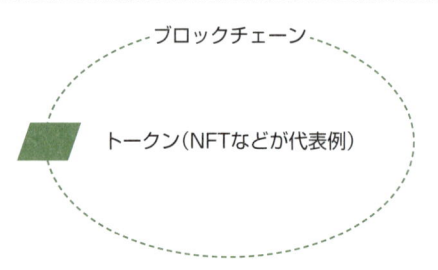

トークンとはふだんは譲渡性に乏しい権利や財産的価値をデータに化体^{かたい}させて譲渡性を付与したもの

ブロックチェーン

トークン（NFTなどが代表例）

NFT（Non-Fungible Token）：非代替性トークン

＊預金のような譲渡性のない金銭債権をトークン化して譲渡性を与えることも可能

CBDCで考えられている「トークン型」の発行は、中央銀行が直接発行するケースや仲介機関が間接発行するケースなどが考えられるが、4-1節で示したものがその一例

利用者は日本銀行ではなく仲介機関に口座開設する

仲介機関を通じて発行する「間接発行」の採用が想定されていますので、口座は仲介機関に開設することになります。

1 現金の流通と同じ「二層構造」を採用

CBDCの発行形態としては、利用者（国民）が直接中央銀行に口座を持つ**直接発行**と、仲介機関（4-5節参照）に口座を開設する**間接発行**があります。

2024年4月に公表された「CBDCに関する関係府省庁・日本銀行連絡会議」中間整理では、現在の現金の流通と同様に、仲介機関が日本銀行と利用者の間に立ってCBDCの授受を仲立ちする**二層構造**（間接型の発行形態）が適当としています。

理由としては、①日銀が利用者の多様なニーズに直接対応することは現実的でない、②日銀が取り扱う利用者情報を必要最小限にすることができる、の2点を挙げており、いずれも妥当な判断だと思われます。

実際、欧米や中国など他の主要国でも間接発行を採用しています。例えば、ユーロ圏のデジタル・ユーロに対する市中コメント（2021年4月）によると、プライバシーが最大の懸念となっています。デジタル・ユーロでも二層構造を採用予定ですので、中央銀行が利用者の取引情報を把握できるわけではないのですが、それでも警戒感が強いことが裏付けられたかたちです。その意味で、中央銀行が利用者の口座に直接アクセスすることが可能な直接発行は先進国では論外ということかもしれません。

　上記の中間整理では、仲介機関に口座を開設する間接発行を採用する積極的な理由として、「仲介機関が利用者情報・取引情報を適切に利活用することを通じて、利用者の利便性の向上と仲介機関の収益機会の確保を図ることができる」点を挙げています。

　この点は4-18節で詳しく説明しますが、デジタル・ユーロの個人データの扱いについて欧州委員会のプライバシー保護を前面に押し出した説明ぶりに比べると、やや前のめりの印象を与えます。データを仲介機関のビジネス機会に生かすのか、社会課題の解決のために公的なガバナンスの下で活用すべきか、データガバナンスの枠組みの全体像を示す必要があるでしょう。

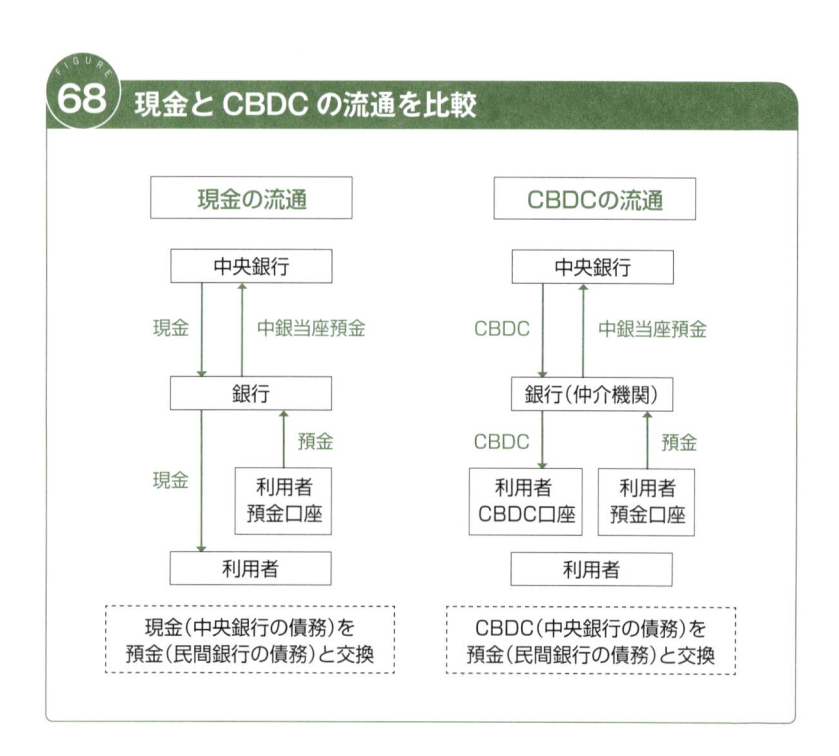

FIGURE 68 現金とCBDCの流通を比較

厳格な本人確認を条件に 複数の仲介機関に口座開設できる

CBDCの口座開設には厳格な本人確認が求められるため、口座を開設できるのは国内居住者を基本とする方針です。インバウンドの旅行者など非居住者については今後の検討課題とされています。また、預金を複数の銀行にできるように、複数の仲介機関にCBDC口座を開設することも認められる予定です。

1 口座開設には本人確認が必要

現在でも銀行に口座を開設するには本人確認が求められます。この本人確認については、**AML/CFT***（マネー・ローンダリング／テロ資金供与）対策として、国際的にも厳格化が求められています。

CBDC はデジタル形態であることから AML/CFT のリスクが高まると考えられています。したがって、CBDC が導入された場合、これまで以上に厳格な本人確認が求められると考えた方がよいでしょう（4-13 節参照）。匿名や偽名で CBDC 口座を開設することはできません。厳格な本人確認を実施する必要から、CBDC 口座を開設できるのは国内居住者を基本とする方針です。

インバウンドの旅行者について、国内居住者と同程度の厳格な本人確認を行うことは容易ではありません。多くの旅行者は、クレジットカードやデビットカードなどを保有している場合も多いほか、それらを持っていなくても、外貨から両替して現金で支払うこともできるため、旅行者に CBDC の口座開設を認める必要性は相対的に低いと考えられます。

将来的に、多くの国で CBDC が発行され、システムの相互接続などを通じて、自国の CBDC と他国の CBDC が相互に運用可能（interoperable）になれば、自国と他国の CBDC の交換も容易になるかもしれません。旅行者も旅行先の CBDC にアクセスしやすくなることが期待できます。

* **AML/CFT**　Anti Money Laundering / Countering the Financing of Terrorismの略。

2 複数の仲介機関に口座を開設できる方向

　預金口座は複数の銀行や信用金庫などに開設できます。CBDCについても、複数の仲介機関に同一人が口座を開設できる予定です。また、法人も同様に複数の仲介機関に口座開設できる予定です。

　仲介機関は、どの仲介機関も提供する**コアサービス**（口座開設やCBDCの受け払いなど）に加えて、利用者の利便性を高める**追加サービス**を独自に提供することが認められ、仲介機関間でサービス競争が起きることが予想されています（4-5節参照）。利用者も複数口座を保有することで仲介機関のサービスの使い分けができるようになります。

---

69 非居住者の口座開設に関する考え方

　日本 （「CBDCに関する関係府省庁・日本銀行連絡会議」中間整理＜2024年4月＞）

- 本人確認は困難
- 海外旅行客はクレジットカード等の決済手段を利用可能
- インバウンド観光促進の観点を含め今後の検討課題

　ユーロ圏 （欧州委員会Q＆A＜2023年7月＞）

　一定の条件を満たせば非居住者でも口座を保有できる

- 過去にユーロ圏に居住していた（法人の場合は拠点があった）時期に開設した口座
- ユーロ圏への旅行者（ECBの設定した条件を満たす場合）
- EUと非ユーロ国との間（もしくは中銀間）で事前に協定が合意されている場合

4-5 仲介機関は銀行や資金移動業者など

仲介機関には銀行などの預金取扱金融機関や資金移動業者など
が想定されています。

1 仲介機関は銀行に限られない

仲介機関は利用者が口座を開設する点でCBDCの流通で中心的な役
割を果たします。銀行などの預金取扱機関は預金口座の開設時の本人確
認や口座管理などを通常業務として行っており、CBDCの仲介機関とし
て求められる機能と親和性が高いといえます。仲介機関は日銀との間で
もCBDCの発行や**還収**※など取引を行いますが、多くの預金取扱金融機
関はすでに日銀と取引関係があります。その点も仲介機関として適して
いる理由の1つです。

資金移動業者（3-1節参照）も仲介機関となる見通しです。もともと
資金移動業者は、それまで銀行の独占業務だった為替業務（送金）を切
り出した決済の専門業者として生まれました。その意味でCBDCの流通
を担うことは自然といえます。

ただ、多くの資金移動業者は民間デジタル決済手段（アプリ決済サー
ビス）をすでに提供しています。CBDCも主にアプリ決済サービスとし
て提供されるので、両者の関係がどうなるか気になります（1-9節参照）。

なお、ユーロ圏のデジタル・ユーロでは銀行や決済サービス事業者
（**PSP**※）に口座開設しない（できない）人のために、地方公共団体や郵
便局でも口座開設を受け入れる予定のようです。

※**還収** ここではCBDCの残高を減らして、預金口座に入金すること。
※**PSP** Payment Service Providersの略。

FIGURE
70 仲介機関のサービス

コアサービス

- 口座の開設
- 口座残高などの管理
- CBDC の受け払い
- アプリの提供

追加サービス

- 家計簿サービス
- 条件付き決済サービス
- 「組込み型金融」
など

基本アプリ
提供？

民間の創意工夫
サービス競争

日銀

仲介機関 X

コアサービスのみ

仲介機関 Y

仲介機関以外
の民間事業者

追加サービスのみ

仲介機関によって
コアサービス以外の
サービス内容は
異なる。

日本では郵便局は銀行（ゆうちょ銀行）を持っていますので、CBDC の仲介機関になるとみられます。地方公共団体での口座開設は日本では、現在のところ想定されていないようです。

2 コアサービスと追加サービス

CBDC はアプリもしくはカードの形態で使われる見通しですが、アプリの提供形態がどうなるのかはまだ明らかではありません。仲介機関がアプリを提供するのが基本とみられますが、CBDC の残高管理や受け払い、アプリの提供といった**コアサービス**について、仲介機関以外に日銀が基本アプリを提供する可能性もあります。実際、デジタル・ユーロでは ECB が基本サービスのアプリを提供する方向です。

仲介機関はコアサービスに加えて、利用者の利便性を高める**追加サービス**を加えたアプリを提供する*こともできます。追加サービスには家計簿サービスや条件付き決済サービス（特定の支払いの自動執行）、財やサービスの支払いをアプリ上でシームレスに行えるサービス（組込み型金融）などが考えられます。

追加サービスについては仲介機関以外の民間事業者も提供できるようにする方向です。

---

*…**を提供する** 追加サービスの提供は義務ではない。

仲介機関の破綻はCBDCに影響しない

CBDCは中央銀行の負債であって仲介機関の負債ではないので破綻の直接の影響は受けません。ただ、CBDCを安全に流通させるには仲介機関などの規制・監督は必要です。

1 仲介機関に口座を開設しても仲介機関の債務ではない

　CBDCは中央銀行が発行する中央銀行の債務です。利用者が仲介機関に口座を開設する間接発行型を採用しても仲介機関の債務とはならず、あくまで中央銀行の債務です。

　仲介機関の債務ではないので、仲介機関が破綻しても、利用者口座にあるCBDC残高が仲介機関の債権者への支払い原資に充てられることはありません。

　預金の場合は、預金保険制度により預金者1人当たり（同一金融機関に複数口座を持っていても名寄せ*されます）元本1000万円までとその利息が保護されるとはいえ、それを超える部分は預金者が損失を負担する場合があります。預金者が金融機関を選別することで、金融機関側に規律を生む効果もありました。

　CBDCの場合は、仲介機関の負債ではないので、預金保険のようなセーフティネットは（中央銀行は支払い不能にならないので）不要ですし、利用者が損失を負担することもありません。

***名寄せ**　同一預金者の残高が合算されること。

FIGURE 71　CBDCの残高は仲介機関の債務残高とは区別される

銀行

預金口座

銀行の破綻処理に組み込まれる。
預金保険あり。
銀行は多様な業務を行うため
厳格な規制・監督

CBDC口座

銀行の破綻処理に組み込まれない。

資金移動業

デジタル決済手段残高

資金移動業者の銀行の破綻処理に組み込まれる。
財産保全規制はあるがセーフティネットはない。
業務に即した規制・監督

CBDC口座

資金移動業者の銀行の破綻処理に組み込まれない。

「同一サービス、同一リスク、同一規制」の原則

CBDC残高に応じて規制を変える必要はないか

巨大化した場合に現行の財産保全規制で十分か

CBDCは仲介機関が倒産しても安全。

2 「同一サービス、同一リスクには同一の規制」が原則

とはいえ、仲介機関に規制が不要なわけではありません。利用者が損失を負担することはないとはいえ、仲介機関がサービスを停止すれば、仮に一時的にせよ、混乱は必至です。破綻仲介機関に口座を開設していた人が円滑に別の仲介機関に口座開設ができる必要がありますし、残高の円滑な移管、個人情報保護も必要です。

また、破綻仲介機関が追加サービスを行っていた場合、それがその仲介機関独自のサービスである可能性もありますので、そのサービスは停止されると考えられます。

さらに、仲介機関として想定されている銀行や資金移動業者の他に、追加サービスだけを提供する民間業者も出てくると予想されますので（4-5 節参照）、そうした業者への規制の要否も検討する必要があります。

そうした規制のあり方は、すでに存在する業者規制との整合性も含めて多角的に検討される必要はありますが、大原則は**同一サービス、同一リスクには同一の規制**です。

もっぱら為替業務を行う資金移動業者に銀行と同じ規制を適用する必要はありませんが、かといって民間の参入促進のために規制を軽くするのも適切ではありません。

特に、資金移動業の寡占化が進み、巨額の CBDC 残高を管理する業者が出現した場合は、民間デジタル決済手段の財産保全の厳格化と合わせて、規制の厳格化も必要かもしれません（3-2 節参照）。

口座の保有残高に上限が付される可能性

今後の設計次第ですが、小口の決済手段としての性格から1口座の残高に上限が付されたり、高額の残高には手数料が課されたりする可能性があります。銀行預金がCBDCに大きくシフトすれば金融システムにも悪影響を及ぼします。

1 残高に上限を付すことは合理的な制約

CBDCには（理論上は可能でも）金利は付されない方向ですので（3-11節、4-20節参照）、ゼロ金利、マイナス金利の時代ならともかく、金利のある世界へと金融政策の正常化が進むと、多額の資産をCBDCで保有したいという人がどれほどいるかはわかりません。

また、これまでは現金で取引を秘匿しようにも高額の現金移転には持ち運びにコストがかかるなど、物理的な制約がありましたが、CBDCではデジタルで簡単に多額の資金移動が可能になります。AML/CFT（マネー・ローンダリング／テロ資金供与）対策もあって口座開設時には厳格な本人確認が行われますし（4-4節参照）、現金のような匿名性も完全には再現できませんので、CBDCを取引の秘匿のために利用するニーズは高くないと見られるものの、マネー・ローンダリングや犯罪目的にCBDCが使われることは防がなくてはなりません。このような観点から、CBDCの小口決済手段としての性格を明確にし、1口座の残高に上限を付すことは合理的な制約といえます。利用者が複数の仲介機関に口座を開設することは認められる見込みですので、その場合の制限のあり方は今後検討されるでしょう。

また、上限設定の代わりに高額の残高に手数料を課すというアイデアもあります。手数料によって他の金融資産対比CBDCの魅力を低下させ、CBDCへのシフトを抑える効果を狙ったものです。ユーロ圏や英国では

日本と同様、CBDCに付利せず、手数料という価格を通じた制限よりも保有額という量の制限の方が実効的という考え方が示されていますが、米国では付利もまだ検討の射程に含まれているため、手数料という価格を通じた制限も検討の選択肢となっているようです。

2 銀行預金からの大規模シフトは金融システムにも悪影響

仮に、銀行預金からCBDCへの大規模なシフトが起きると、銀行預金は銀行の貸出（与信）活動（信用創造）の基礎ですので、金融システムや貸出を通じた実体経済に悪影響を及ぼす可能性があります。

また、仮に銀行の信用不安が起きると、CBDCが**デジタル取り付け**の受け皿になる可能性があります。CBDCの保有額制限はデジタル取り付けを抑止する一方、制限することでかえって信用不安を増幅する可能性もあり、制度設計には多角的な視点が必要になります。経済・金融情勢に応じて柔軟に内容を変更することも選択肢になります。

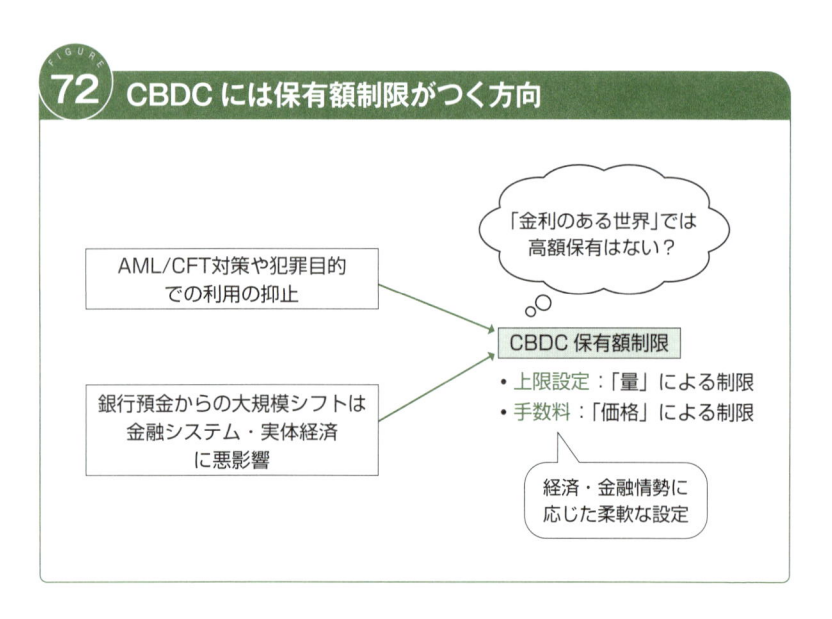

FIGURE 72　CBDCには保有額制限がつく方向

「金利のある世界」では高額保有はない？

AML/CFT対策や犯罪目的での利用の抑止

CBDC保有額制限
- 上限設定：「量」による制限
- 手数料：「価格」による制限

銀行預金からの大規模シフトは金融システム・実体経済に悪影響

経済・金融情勢に応じた柔軟な設定

給与をCBDCでも
受け取ることができる

給与を民間デジタル決済手段で支払うことを認める法改正がなされています。CBDCで給与を受け取ることも想定されています。

1 賃金のデジタル支払（ペイロール）はすでに法改正済

もともと労働基準法では賃金は現金払いが原則ですが、労働者が同意した場合、銀行口座などへの振り込みが認められてきました。キャッシュレス決済の普及や送金手段の多様化ニーズに対応するため、労働者が同意した場合、厚生労働大臣が指定する資金移動業者（3-1 節参照）の口座への賃金支払いを認める法改正が 2023 年 4 月に施行されました。

現時点で 4 社の資金移動業者が指定申請をした旨、厚生労働省が公表していますが、当初数か月と見込まれていた審査に時間を要し、施行後 1 年半近く経過した 2024 年 8 月にようやく第 1 号として PayPay が認可（大臣指定）を受けました。

大臣指定を受けた業者が出てきた場合、雇用主は事前に労使協定を締結したうえで、個々の労働者に説明をし、労働者が同意した場合には、賃金のデジタル支払（ペイロール）が開始されます。口座の残高上限は 100 万円で、これを超える場合は、あらかじめ労働者が指定した銀行口座などに自動的に出金されます。

現在でも資金移動者の〇〇 Pay には、銀行口座やクレジットカードから便利にチャージできるため、賃金のデジタル払いにどれほどのニーズがあるのかは実際に運用が始まらないとわからない部分もあります。

2　CBDC導入後は給与をCBDCで受け取れる見込み

　CBDCが導入された場合、民間デジタル決済手段（○○Pay）同様、CBDCでも給与を受け取れるようになる見込みです。そもそも、CBDCは現金のデジタル化、銀行預金代替の送金手段という側面があり、CBDCで給与支払いの受け皿になることは自然な流れです。

　この場合、民間の資金移動業者に課す条件と同様の条件をCBDCに課すのかはまだわかりません。CBDCには「強制通用力」、「一般受容性を持つ法定通貨」（1-12節参照）としての性格がありますので、民間デジタル決済手段と同列に扱う必然性はありませんが、あまりCBDCを便利にし過ぎると、民間の決済手段をクラウドアウトする（追い出す）ことにもなりかねませんので、バランスが難しいところです。

73　ペイロール解禁

賃金のデジタル支払（○○Pay）

- 2023年4月施行
- 厚生労働大臣指定の資金移動業者
- 上限100万円（超えるとあらかじめ指定の銀行口座などに自動出金）
- 事前の労使協定締結、個々の労働者の同意が条件

ニーズは未知数。

CBDCによる給与受け取り

民間と同じ制約？
法定通貨としての強み
便利になり過ぎると
民間を圧迫？

CBDCはスマホアプリ、カードなどで利用

CBDCはデジタル通貨ですので、スマホなどのアプリで利用することが基本になりますが、スマホを持たない人でも利用できるようにカードなどの利用も検討される見込みです。将来的にはトークンなどデータとして流通することも考えられます。

1 アプリでの利用がメインとなるCBDC

現時点での技術を前提とすれば、CBDCは多くの民間デジタル決済手段と同様、スマートフォンのアプリでの利用がメインとなる見込みです。

アプリは仲介機関が提供することを想定しています。口座開設、CBDCの受け払い、口座管理、アプリの提供といったコアサービスに加え、利便性を高める追加サービス（家計簿サービスや条件付き決済サービス、組込み型金融など）の提供で民間での競争を促進する狙いもあるためです（4-5節参照）。

ただし、コアサービスについては日銀がアプリを提供することも考えられます。

2 カードによるCBDC利用も想定

スマートフォンの世帯普及率が9割を超え、個人保有率でも70代までで8割を超えたとはいえ、すべての人がスマホのアプリが利用できるわけではありません。

また、スマホの通信障害や災害時などの緊急時でも使えるオフラインの利用手段を確保しておくことは、冗長性＊を確保する観点からも有用です（4-23節参照）。

＊**冗長性** 災害時などでも使えるようにしておくこと。

そこで、カードに CBDC の残高データを記録（stored value）させて利用することも検討される見込みです。交通系 IC カード（Suica など）のイメージです。

なお、カードの盗難やマネー・ローンダリング（資金洗浄）の観点から、記録できる残高に上限が設けられる可能性があります。

3 トークンなどデータとして流通する形態も

現時点で日本を含む主要国で検討されているのは、アプリやカードの形態ですが、CBDC の本質がデータである以上、データをデータとして流通させていくことも将来的には想定できます。

具体的には、CBDC の価値を化体（かたい）する**トークン**として CBDC を捉え、トークンとして流通させることが考えられます。トークンとして流通させることができれば、仮想空間での利用にも便利ですし、様々な条件付き決済サービスにも応用できます。

FIGURE
74 CBDC の利用形態

アプリ
- 仲介機関が提供
- 「コアサービス」と「追加サービス」
- 「コアサービス」は日銀が提供も

カード
- オフライン利用
- スマホを持たない人
- 通信障害や災害時
- チャージ金額に上限？

トークン
- 将来的に検討？
- CBDCデータをデータとして流通
- 仮想空間での利用
- 条件付き決済サービスの提供にも便利

CBDCの口座開設に預金口座は不要

CBDCと預金は自由に交換可能なので預金口座を持っていると
便利だと思いますが、預金がなくてもCBDC口座は開設できます。

1 預金口座の保有は必須ではないが、あると便利

銀行などの預金取扱金融機関はCBDC口座の開設を行う仲介機関と
なることが想定されていますが、銀行などの預金口座とCBDC口座は別
ですので、預金口座を持っていない銀行にCBDC口座を開設することは
可能です。

現金をATMで下ろすときに、自分の預金口座の残高を引き落として
現金と交換するように、CBDC口座の残高を増やす（CBDCを発行する）
際には、自分の預金口座の残高を引き落としてCBDCと交換することが
多いと予想されます。預金口座がない場合は、現金を入金してCBDC口
座の残高を増やしてもらうといった対応になり、手間がかかります。

もっとも、預金口座を持っていなくても、条件を満たす資金移動業者
の口座（○○ Pay）に残高があれば、これと交換してCBDCを発行し
てもらうこともできるかもしれません。

このように、預金口座を持たない銀行に仲介機関としてCBDC口座を
開設することはできますし、条件を満たす資金移動業者にもCBDC口座
は開設できますので、CBDC口座開設に預金口座は必須ではありません
が、あると便利と思います。

CBDC 口座開設の仲介機関

銀行などの預金取扱金融機関

| 預金口座 | CBDC口座 |

条件を満たす資金移動業者

| ○○Pay口座 | CBDC口座 |

預金口座を引落、
CBDC 口座に入金

○○Pay口座を引落、
別の仲介機関の
CBDC口座に入金

○○Pay口座を引落、
CBDC口座に入金

CBDC口座上限額超過、
自動的に預金口座に入金

CBDC口座上限額超過、
自動的に預金口座に入金

（注）CBDC口座、○○Pay口座に上限額が設定される場合を想定

上限値が設定
された場合、自動的な
振り替えが必要。

2 CBDC保有額制限が課せられれば預金口座が必須となる可能性も

　CBDC 保有額については、AML/CFT（マネー・ローンダリング／テロ資金供与）対策や犯罪目的での利用の抑止のほか、銀行預金からの大規模シフトが起こった場合に、金融システムや実体経済に悪影響が及ばないようにするため、保有額（残高）に上限が設けられる可能性があります（4-7 節参照）。この制限を実効的なものにするには、上限を超過した場合に超過額を速やかに移転させることが必要です。このため、CBDC 口座の開設に当たって、超過額を受け取る預金口座を事前に登録しておくことが検討されています。

　これはちょうど、賃金のデジタル支払（4-8 節参照）の仕組みに似ています。CBDC ではなく資金移動業者に開設した〇〇 Pay の口座についてですが、賃金の支払いを受ける口座の上限額は 100 万円とされており、これを超過すると自動的に事前に登録していた預金口座に超過額が振り替えられることになっています。

　これと同様の仕組みが CBDC 口座にも適用されるならば、CBDC 口座とは別に預金口座を保有することが事実上必須になる可能性もあります（預金口座を持たない人への対応は別途検討が必要です）。

残高不足時にオートチャージ機能を提供する仲介機関も

CBDC口座を開設した仲介機関が預金口座などからのオートチャージ機能を提供することが考えられます。

1 オートチャージは仲介機関が提供するサービス

現在でも前払式支払手段（3-1 節参照）や資金移動業者のアプリ決済サービスなど民間デジタル決済手段の中には、残高が一定額未満になると、あらかじめ登録しておいたクレジットカードなどから自動的に入金が行われ、残高を回復させる**オートチャージ**のサービスを提供しているものがあります。交通系 IC カード（Suica など）などでよくみられます。

これと同様に、CBDC についても、仲介機関が提供するサービスとして、預金口座などから自動的に CBDC 口座に入金を行うサービスを提供することは考えられます。これは CBDC 口座管理に必須の機能とはいえないので、日銀が仲介機関に義務付けるサービスではなく、あくまで仲介機関の判断で提供するサービスとなります。したがって、オートチャージサービスを提供する仲介機関と提供しない仲介機関に分かれても不思議ではありません。利用者が仲介機関を選択する判断材料の 1 つとして位置付けるのが適当です。

2 CBDCに上限額が設定された場合は便利な機能となる

オートチャージは CBDC に必須の機能とはいえませんが、CBDC 残高に上限額が設定された場合（4-7 節参照）、オートチャージを利用すれば、上限額を超えた支払いができる可能性があります。CBDC 残高を上回る支払いが発生した場合、不足分がオートチャージされる設定にするイメージです。

銀行などの預金口座には上限額などはありませんので、そうした高額の支払いは預金口座から行えばよいともいえます。預金口座からオートチャージする位ならば、預金口座から支払えば済むからです。その意味で、オートチャージを利用してまで CBDC で支払う必然性があるとはいえません。

　ただ、今後、条件付き決済サービスや仮想空間での支払など、CBDCで支払う方が便利な局面が増える可能性はあります。そうした場合には、オートチャージは便利な機能となると考えられます。

　預金口座以外の残高、例えば資金移動業者の〇〇 Pay の残高やクレジットカードなどを利用したオートチャージについては検討課題です。

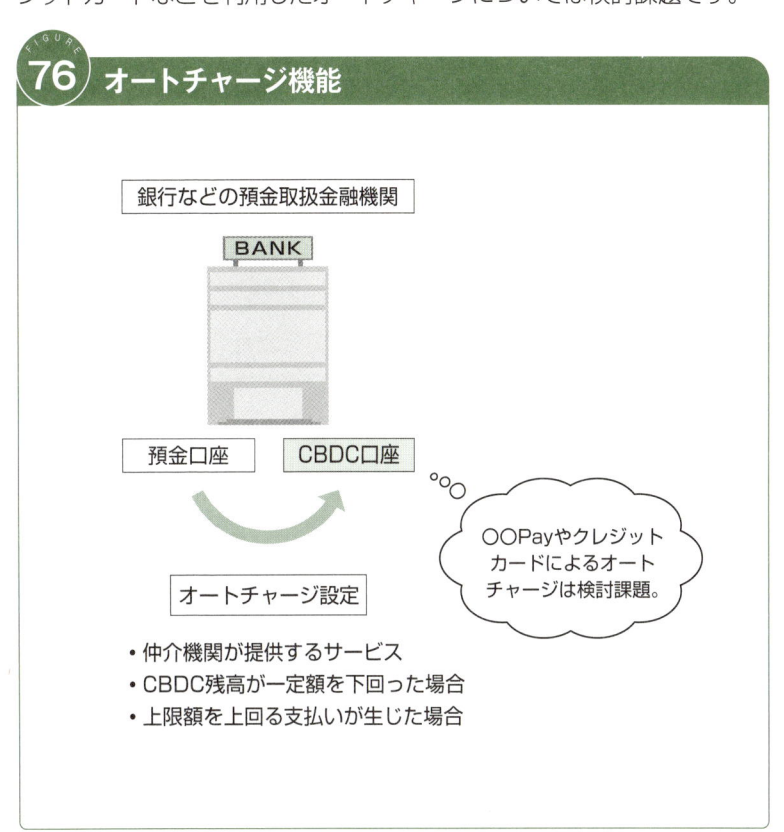

76 オートチャージ機能

銀行などの預金取扱金融機関

BANK

預金口座　　CBDC口座

〇〇Payやクレジットカードによるオートチャージは検討課題。

オートチャージ設定

・仲介機関が提供するサービス
・CBDC残高が一定額を下回った場合
・上限額を上回る支払いが生じた場合

ブロックチェーンを利用した発行には課題

一般利用型CBDCの発行基盤としてブロックチェーンを利用するかどうかは未定です。技術的な課題もありますが、CBDC導入時点までにブロックチェーンの技術がどこまで進化するかも見極める必要があります。

1 ブロックチェーンの技術には様々な利点がある

ホールセール CBDC（wCBDC）については、ブロックチェーン（分散型台帳技術）の利用を前提とした研究が進んでいます（1-26 節参照）。

ブロックチェーンには、①データの真正性確保、②改ざんの脅威に対する耐性、③レガシーシステムに比べて安価に構築、④相互運用性（interoperability）確保のしやすさ、⑤スマートコントラクトの活用可能性、といった様々な利点があるからです（46 ページのコラム参照）。

一般利用型 CBDC についても、ここに挙げた利点はそのまま当てはまります。ただ、ブロックチェーンはデータの真正性を確保するために、ネットワークの参加者がデータを検証し、データを更新するためにコンセンサス形成を必要とするため、処理速度や処理可能なデータ量といった拡張性（scalability）に課題があるとされてきました。wCBDC が想定するデータ量であればよいのですが、一般利用型 CBDC は膨大な処理をリアルタイムに行えなければ社会に大きな混乱が生じる可能性があります。

こうした理由から、主要国で一般利用型 CBDC をブロックチェーン基盤で構築することを前提として検討を進めているところはありません。中国のデジタル人民元の設計の詳細は明らかにされていませんが、「レガシーシステムのデータベースと分散型台帳技術のハイブリッド」とされており、ブロックチェーンは発行台帳の管理などに利用されている可能性はあるものの、発行や移転などデータ処理の基本部分はレガシーシステムを使って処理されているとみられています。

2　CBDC導入までの技術進歩を見極め

　ただ、中国を除けば、一般利用型CBDCが主要国で実際に導入されるまでにはまだ時間を要しそうですし、ブロックチェーン技術も日々進化しています。

　また、ビットコインのように管理者がいない「純粋な」ブロックチェーンとは違って、CBDCは中央銀行という管理者の存在を前提としていますので、データの真正性確保のためのコンセンサス形成や拡張性についても工夫の余地はありそうです。

　このように、現時点では技術的な課題があることは確かですが、一般利用型CBDCにブロックチェーンを採用するかどうかの判断には、導入時期までの技術進歩を見極める必要がありそうです。

FIGURE 77　ブロックチェーンのメリットと課題

ブロックチェーンの利点
①データの真正性確保
②改ざんの脅威に対する耐性
③レガシーシスロム対比安価に構築
④相互運用性確保のしやすさ
⑤スマートコントラクトの活用可能性

CBDCについても
利点がそのまま
当てはまる。

ブロックチェーンの技術的課題
①処理速度
②拡張性（scalability）

①将来の技術進歩
②中銀という管理者の存在

マネー・ローンダリング（資金洗浄）対策は必須

CBDCの口座開設に当たって厳格な本人確認を行うことが想定されています。

1 CBDCが資金洗浄や犯罪の温床となれば国の信用問題

　現在でも預金口座の開設には厳格な本人確認が行われていますし、資金洗浄や犯罪性が疑われる取引を検知する仕組みを導入することが求められています。

　ただ、AML/CFT（マネー・ローンダリング・テロ資金供与）対策を行う当局間の国際組織であるFATF（金融活動作業部会）は、2021年、日本の総合評価を「重点フォローアップ国」としました。先進国としては実質的に不合格とされる評価で、取り組みが不十分とみられていることになります。

　特に、中小の金融機関では資金洗浄リスクの理解が限定的にとどまっているとして、本人確認のさらなる厳格化や「疑わしい取引」の検知の実効性を高めることが求められています。

　CBDCは資金洗浄や犯罪の温床となるリスクを高めると考えられます。簡単に資金移動できるのは資金洗浄や犯罪を行う側からすれば便利です。CBDCが資金洗浄や犯罪の温床になれば、国の信用にもかかわります。

2　本人確認の厳格化や不審な取引の検知が求められる

　CBDCが資金洗浄や犯罪の温床となるリスクの高さと、それが現実になったときの損失（**レピュテーションリスク**）を踏まえると、CBDCの口座開設には本人確認の厳格化は不可避であるとみられます。

　また、プライバシーや個人情報保護に配慮しつつ、犯罪性の高い不審な取引を検知するためのシステムの導入も必要だとみられます。中央銀行と仲介機関との二層構造を採用する「間接型」の発行形態では、中央銀行は個別の取引は把握できず、仲介機関しか把握できませんが、こうした不審な取引の検知には、仲介機関によってばらつきが出ないよう、検知システムの導入やAIの活用なども含め、中央銀行や政府、仲介機関など、関係者全体の協力と努力が必要になるとみられます。

　本人確認の厳格さや検知システムの開発などに関する国際動向の把握や国際協力も重要になります。日本のCBDCが世界の通貨システムのウィークリンク（weak link：綻び）とみられないようにする必要があります。

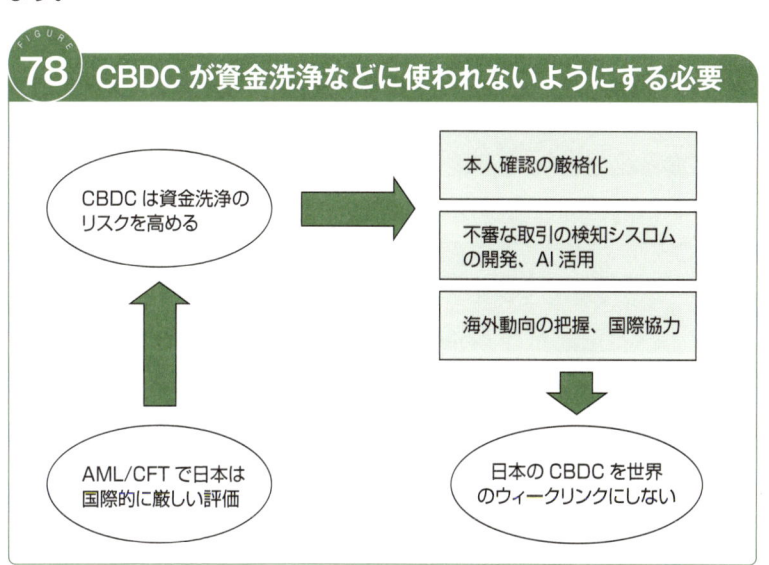

78　CBDCが資金洗浄などに使われないようにする必要

CBDC口座とマイナンバーの紐付けは未定

まだ決まっていません。

1 「口座管理法」により金融機関に紐付けの確認義務

2024年4月に口座管理法が施行になりました。正式には、「預貯金者の意思に基づく個人番号の利用による預貯金口座の管理等に関する法律」という名前ですが、銀行など金融機関で預貯金口座を新たに開設する際、マイナンバーと預貯金口座を紐付けるかどうかについて預貯金者に確認することを義務化するものです。実際に、紐付けを行うかどうかは預貯金者の任意で、強制・義務ではありません。

また、同じく2024年4月に口座登録法が施行されました。これは正式には「公的給付の支給等の迅速かつ確実な実施のための預貯金口座の登録等に関する法律」といい、国からの給付金等の受取のための口座(公金受取口座)を登録する制度です。登録は預貯金者の任意です。公金給付金用の口座として登録すると、金融機関の求めにより、公金受取口座として登録されている事実は提供されますが、提供情報にマイナンバーは含まれないため、金融機関がマイナンバーと紐付けることはできません。

ただ、年金受給者については、受給者の不同意がない限り年金受給口座をマイナンバーに紐付ける制度が始まっています。

CBDC口座の開設に当たってマイナンバーと紐付けることを義務化するかどうかは現時点では方向性が打ち出されておらず、わかりません。

2 本人認証用のデジタルウォレットにCBDCを「貯蔵」 するアイデアも

EUでは、公的・民間のデジタルサービスを利用するに当たって本人認証に利用できるデジタルウォレットとして、EUDIW*を推進しています。

民間でも本人認証用のデジタルウォレットサービスが提供されていますが、欧州の取り組みは政府が公的なサービスとしてデジタルウォレットの提供を行おうとしている点です。EUDIWには、CBDCのデータも貯蔵することができるとされています。CBDCのオフライン利用のためのデータを貯蔵することを想定しているようです。

実際に、EUDIWにCBDCデータを「貯蔵」するかは利用者の任意とされていますが、もともとEUDIWがデジタルサービスの本人認証を行うものであることを考えると、EUDIWの定着次第では、CBDC口座の本人認証などにEUDIWを利用することも検討されるかもしれません。

79 口座管理法と口座登録法

口座管理法	口座登録法
・金融機関に預貯金口座を新規開設する際に、マイナンバーの紐付けの確認を義務化 ・実際に紐付けを行うかは預貯金者の任意	・公金受取口座を登録 ・登録は任意 ・金融機関は公金受取口座として登録されているかの事実の提供を求めることができる ・金融機関にマイナンバーは提供されない

年金受給者の不同意がなければ、年金受給口座をマイナンバーに紐付け開始

(参考) European Digital Identity Wallet (EUDIW)
・公的・民間のデジタルサービス利用するに当たって本人認証に利用できるデジタルウォレット
・EUDIWにCBDCデータを「貯蔵」することもできる（オフライン利用）

---

* **EUDIW** European Digital Identity Walletの略。

完全な匿名性の実現は難しい

デジタル通貨であるCBDCの本質はデータですので、現金のような完全な匿名性を実現することは難しいかもしれません。

1 現金の持つ匿名性は功罪半ば

現金には素晴らしい特性があります。現金で支払えば直ちに債務履行となり、後日それが取り消されることはない決済完了性（ファイナリティ）を持ちます。現金を持っていれば正当な所有者とみなされ、取引の安全と取引費用の面でも完璧です。現金の取引履歴は追跡できず、匿名性は守られます。

一方で、その匿名性がマネー・ローンダリング（資金洗浄）や犯罪・脱税の温床となってきたのも事実です。AML/CFT（マネー・ローンダリング／テロ資金供与）対策に甘さが指摘されている日本（4-13節参照）にとって、匿名性を保護すべきものとだけ考えてよいかは疑問があります。

現金は物理的な運搬などが必要ですが、CBDCとなれば簡単に資金移動できるようになります。CBDCに高い匿名性を与えると、AML/CFTの観点からはリスクは高まることになります。

2 CBDCの本質はデータ。完全な匿名性は難しい

CBDCの本質はデータです。仲介機関に開設したCBDC口座は仲介機関がその動きを追跡できます。ちょうど銀行預金口座の入出金の動きを銀行が把握できるのと同じです。もちろん、プライバシーや個人情報保護の要請もありますので、仲介機関がどこまで利用者のデータにアクセスできるのかは別途の問題としてありますが、利用者データへのアクセスや履歴の追跡ができる状況にあることは確かです。なお、中央銀行は直接利用者口座にアクセスすることはできません。

現金の持つ匿名性や取引の秘匿性をある程度再現する方法として、小額の残高をカードに貯蔵してオフラインで利用したり、デジタルウォレットに貯蔵して匿名性を維持した本人認証を行ったりすることも検討されています。カードやデジタルウォレットに残高を貯蔵した記録などは残りますが、仲介機関がデータを追跡することはできなくなります。

FIGURE
80　現金の持つ匿名性は CBDC で完全には再現できない

現金	→	CBDC
・匿名性 ・取引履歴は追跡できない ・資金洗浄や犯罪・脱税の温床になりかねない		・仲介機関は取引を追跡できる（預金と同じ） ・中央銀行は個別口座にはアクセスできない

カードやデジタル
ウォレットに残高を
「貯蔵」

仲介機関は追跡できない

データなので完全な
匿名性は難しい。

暗号資産の匿名性にも規制強化の動き

日本で発行されるステーブルコインを取引するには、厳格な本人確認が必要とされます。また、暗号資産も日本で登録された交換業者での口座間開設には本人確認が必要です。海外の取引所やP2P取引の暗号資産についても、国際的な議論も踏まえて、規制の抜け穴にならないようにする対応が進むと見られます。

1 海外の暗号資産取引やP2P取引に「抜け穴」も

CBDC口座の開設に当たっては厳格な本人確認が行われることが想定されています（4-13節参照）。また、CBDCの本質がデータであるという点から、現金のような匿名性の実現は難しいです（4-15節参照）。

こうした点を嫌ってCBDCよりも現金で取引したいと考える人は一定数残るとはみられます。ただ、CBDCが導入されれば、CBDCを前提としたエコシステム（経済圏）ができるとみられますので、CBDCの利便性を犠牲にして、あえて現金への大きなシフトが起こるとはちょっと考え難いです。

この点、暗号資産については「匿名で取引できる」というイメージがあります。実際、暗号資産にして国外に資産を移すという話は耳にします。2013年のキプロスの銀行危機では、預金者（特にロシアや欧州の預金者）が預金や金融資産をビットコインに変えて退避させた（国外に流出させた）結果、ビットコインの価格が急騰する出来事が起きています。

暗号資産を国内の暗号資産交換業者で取引する場合、口座開設には本人確認が必要です。したがって、匿名や仮名での取引は困難です。一方、海外の取引所で取引する場合は、日本の法令が適用されないため、本人確認をするかその程度は海外の法令や取引所次第ということになります。また、P2P取引（利用者間の直接取引）では、事実上仮名での取引が可

能になっています。

　ステーブルコイン（電子決済手段）についても同様で、国内発行のステーブルコインの取扱い業者は登録制となり、口座開設に当たっては本人確認が求められます。一方、海外発行については、暗号資産と同様です。

　このように、本人確認という点だけをみれば規制の抜け穴があるのが実情です。

2　同一活動、同一リスク、同一規制

　ただ、暗号資産についても、国際的な規制強化の動きがあります。2023 年の G20 ニューデリーサミットでは、「**同一活動、同一リスクであれば同じ規制を適用**（Same Activity, Same Risk, Same Regulation）」という原則が確認されました。規制の抜け穴を封じる対応がなされていくとみられます。

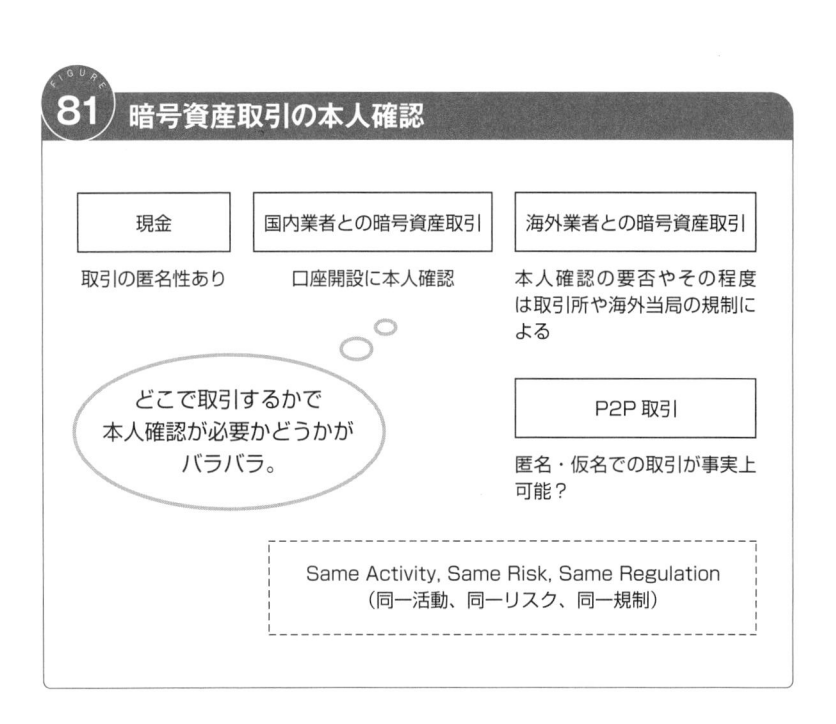

FIGURE 81　暗号資産取引の本人確認

現金	国内業者との暗号資産取引	海外業者との暗号資産取引
取引の匿名性あり	口座開設に本人確認	本人確認の要否やその程度は取引所や海外当局の規制による

どこで取引するかで本人確認が必要かどうかがバラバラ。

P2P 取引

匿名・仮名での取引が事実上可能？

Same Activity, Same Risk, Same Regulation
（同一活動、同一リスク、同一規制）

個人情報保護を設計から組み込む プライバシー・バイ・デザイン

CBDCの利用履歴は仲介機関がある程度把握できることは確かです。誰がデータにアクセスでき、プライバシーをどう守るか、データの利活用ルールも含めて、制度設計の段階から個人情報保護措置をあらかじめ組み込むプライバシー・バイ・デザインの考え方に沿った対応が必要です。

1 中央銀行は履歴データに原則アクセスできない

CBDCは仲介機関に口座を開設しますので、仲介機関は利用履歴を把握することはできます。これは預金口座の入出金の動きを銀行が把握できることと同じです。

ただ、「把握できる」と「把握する」とは別の議論です。利用者のプライバシーの確保は大前提です。個人情報保護法など関連する法令を踏まえ、取得前に情報の利用目的を特定するほか、不要になれば速やかに消去するなど、適切な情報の取扱いが求められます。

一方、中央銀行の取引の相手方は仲介機関ですので、仲介機関単位のお金の流れは把握できますが、仲介機関に口座を開設した利用者のデータにはアクセスできません。もちろん、法律でアクセス権限を規定すれば、開示を求めることはできますが、その場合でも、必要に応じ匿名化などを行うことになります。

また、政府はAML/CFT（マネー・ローンダリング／テロ資金供与）対策など公益上の要請から、現状と同様、必要に応じて情報提供を受けることになります。

2 「プライバシー・バイ・デザイン」

　利用者のプライバシー保護は、CBDC制度全体の信頼確保に重要です。従って、個人情報保護措置を制度設計の段階で組み込んでおく**プライバシー・バイ・デザイン**の考え方を活かすことが必要になります。

　誰がどのような条件でデータにアクセスでき、プライバシーをどう守るかを、利用者情報・取引データの利活用ルールも含めて、あらかじめ明らかにすることが大切になります。

　特に、データの利活用については、利用者の利便性向上につながる可能性がある一方、利活用を行う目的が社会的に受容されていることが前提となります。

82 利用者データのアクセス

仲介機関	中央銀行	政府
・利用者データにアクセスできる ・プライバシー保護が前提	・利用者データにアクセスできない ・アクセスが必要な場合は匿名化	・AML/CFT など公益上の要請からアクセスできる

プライバシー・バイ・デザイン

・個人情報保護措置を制度設計の段階で組み込んでおく
・利用者データの利活用には、利活用の目的が社会的に受容されていることが前提

CBDC導入前にプライバシー保護のやり方を決めておく必要がある。

仲介機関によるデータ利活用は今後検討

> 利用者のプライバシー・個人情報保護を前提として、仲介機関の利用者データを利活用することが検討されていますが、具体的な設計はこれからです。

1 プライバシー、個人情報保護はCBDC導入の大前提

CBDC を円滑に導入するには、プライバシーや個人情報保護について最大限の配慮が図られることが大前提になります（4-17 節参照）。実際、欧州中央銀行（ECB）がデジタルユーロについて 2021 年に行った市中協議でも、プライバシーがいかに守られるかが最大の関心事との結果が出ています。

マイナ健康保険証の利用率がなかなか伸びないことでも明らかなように、利用目的が限定されているマイナンバーカードですら国民の信頼を得ることは簡単でありません。まして CBDC は、利用（支払）履歴データで個人の経済活動が捕捉されかねないだけに、国民の警戒感も高いとみられます。

2 欧州に比べるとデータの利活用にやや前のめりの日本

政府・日銀の連絡会議・中間整理（2024 年 4 月）では、「プライバシーの確保については、利用者情報・取引情報の利活用を通じて追加サービスの提供など利便性の向上や、AML/CFT をはじめ公共政策上の要請への対応とのバランスを図っていくことが必要」としています。

この点、欧州委員会は、デジタルユーロに関する Q&A（2023 年 7 月）において、「銀行が個人データにアクセスできるのは、支払を履行し、詐欺を防ぎ、資金洗浄と戦うために必要な限りである」「デジタルユーロに伴って導入されるプライバシーのレベルは電子的支払において前例のな

いほどの高さである」としており、Q&A にはデータの利活用に触れた部分はありません。

　欧州は GDPR*（一般データ保護規則）という詳細かつ厳格な個人情報保護規則を持つ地域です。データ利活用に無関心ではないと思いますが、GDPR など関連する法規制を遵守しながらデータ利活用するには、利用者の同意や匿名化など相応のコストをかける必要がありそうです。プライバシーの最大限の尊重を打ち出すことが、CBDC に国民的な理解を得るための前提と考えていることが窺えます。

　日本でもデータ利活用には、匿名化など必要な手続きを経る必要があるとみられますが、日本は欧州に比べるとデータ利活用にやや前のめりな印象を受けます。

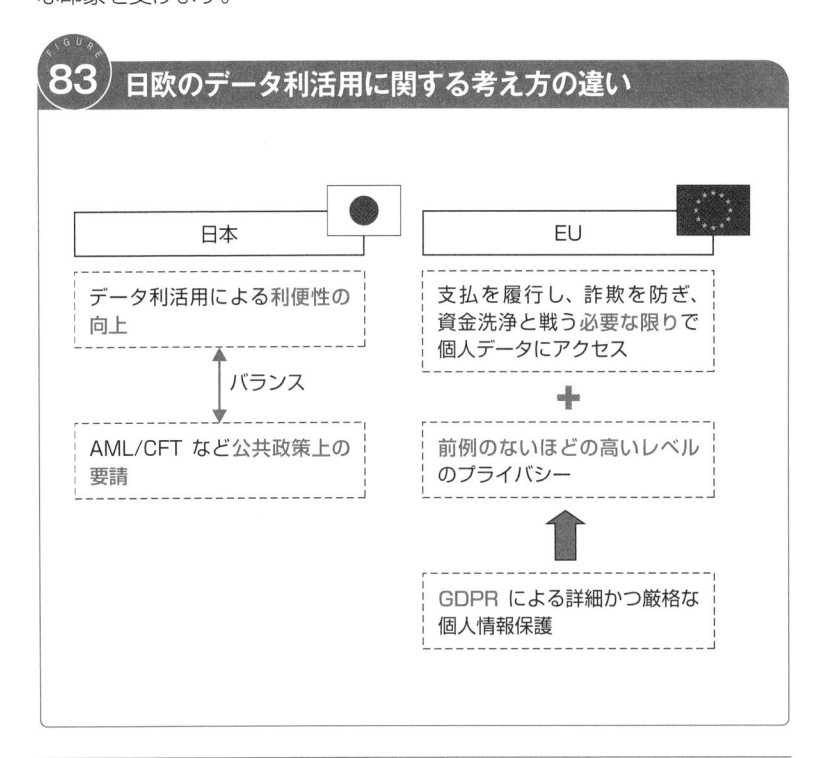

FIGURE 83　日欧のデータ利活用に関する考え方の違い

日本
- データ利活用による利便性の向上
- ↕ バランス
- AML/CFT など公共政策上の要請

EU
- 支払を履行し、詐欺を防ぎ、資金洗浄と戦う必要な限りで個人データにアクセス
- ＋
- 前例のないほどの高いレベルのプライバシー
- ↑
- GDPR による詳細かつ厳格な個人情報保護

＊GDPR　General Data Protection Regulationの略。

開発・運用のコスト負担は これからの議論

CBDCの設計の詳細が固まり、導入の要否を検討する際にはコストの全体像も示される予定です。CBDC導入で利便性が高まる受益者でコストを分担するのが原則ですが、すでに民間デジタル支払手段を持つ企業などからは、通貨という性格から国（日銀）が多くを負担すべきとの声もあります。

1 導入の判断にはコストの全体像を示す必要

CBDC の導入には大きなコストがかかります。通貨がデジタルになることで、サイバー攻撃によるハッキングやデータ改ざんを許せば国の信用に関わります（1-19 節参照）。サイバー攻撃の脅威に対抗するには、国の IT の実力そのものが問われますし、脆弱性を生まないためには、中央銀行のみならず仲介機関のオペレーションにも完璧さが求められます。

CBDC の設計の詳細が固まればコストの全体像の試算も示すことができるようになります。CBDC 導入を最終的に判断するうえでは、コストに関しても国民的な合意を得ておくことが必要です。

2 国（日銀）に多くを負担して欲しいのが民間の本音

民間はすでに民間デジタル決済手段の展開や日本版 FPS※に当たる全銀システムの改良や 24 時間 365 日運用（3-21 節参照）に多額の投資をしてきました。

CBDC 導入は民間にも一定の事業機会を生むものですが、一方ですでに民間が投資を続けてきた民間デジタル決済手段や FPS との棲み分け次第では新たな脅威にもなり得ます。そうした CBDC に多額な負担を迫られるのは避けたいというのが本音でしょう。

コスト負担は CBDC 導入で利便性が高まる受益者でコストを分担するのが原則です。ただ、CBDC のエコシステムの中で関与するそれぞれの

主体が享受する利益をうまく切り分けてコスト分担を決めるのは簡単ではありません。ましてや、CBDC 導入によって民間デジタル決済手段の役割や競争条件がどう変化するのか見通せない中でコスト分担をクリアに決め切れるかはわかりません。

　CBDC の究極の受益者は国民ですから、国（日銀）がかなりの部分を負担するのは理にかなっているともいえます。日銀の負担したコストは最終的には国庫納付金の減少（1-20 節参照）を通じて国民全体で負担していくことになります。

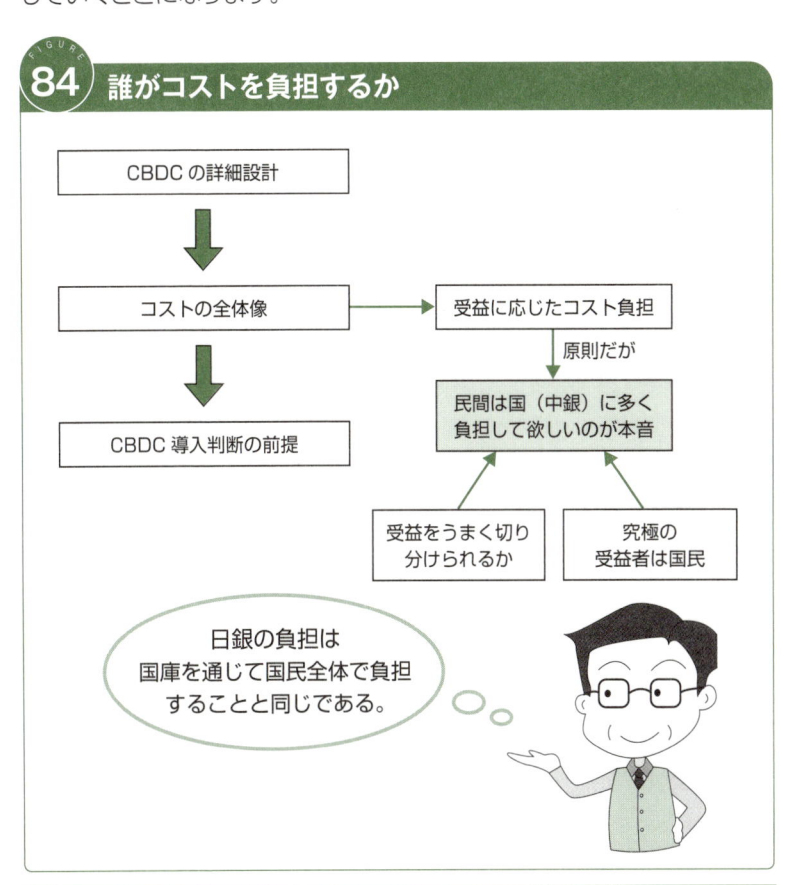

FIGURE **84**　誰がコストを負担するか

* **FPS**　Fast Payment System の略。

20 CBDCには利子は付かない方向

> 理論的には利子を付けて金融政策の手段としても使うというアイデアはありますが、日本を含め多くの先進国では付利はしない方向です。

1 CBDCに付利すれば金融政策の手段になる?

以前の金融政策は、中央銀行が金融市場に供給する流動性(民間金融機関が日銀に保有する当座預金の量)を変化させることで、短期金融市場(民間での短期資金の需給の調整を行う市場)の金利を調節することで行われてきました。

現在は金余りで民間金融機関は日銀の当座預金に法令上必要とされる額(準備預金額)を上回る残高を保有しています。この法令上求められる当座預金額を上回る額(超過準備)に付利を行う(IOER*)ことでこれも政策金利として活用しています(**補完当座預金制度**)。

日銀に当座預金口座を持つ先には証券会社など準備預金制度の対象外の業態があります。証券会社は当座預金に資金を置いても IOER の対象になりませんので、必要な額以上は市場で運用しようとします。一方、銀行など準備預金制度適用先では証券会社から IOER を下回る金利で調達し、これを日銀当座預金に置けば IOER で運用されますので利ざやを稼ぐことができます。これで IOER が短期市場金利の上限として機能します。

CBDC も当座預金と同じ中央銀行の負債ですので、CBDC に付利すれば金融政策の手段の 1 つとして活用できる可能性があります。特に、マイナス金利の場合、金利を付けられない現金があることで、マイナス金利の当座預金や民間預金から現金のシフトが起き、金融政策の効果を減殺してしまいます。CBDC にマイナス金利を付ければ、こうしたシフトを防ぎ、金融政策の効果を高めることができます。

2 現金が存在する限りCBDCのマイナス金利を回避できる

　CBDC を検討中のほとんどの国では CBDC 導入後も現金は残す予定です（1-15 節参照）。すると、CBDC にマイナス金利を付けても、それを避けようと CBDC を現金に換える動きが出てきます。現金にはマイナス金利を付けられないからです。

　こうした回避手段が存在する限り、CBDC に付利することで金融政策の手段として利用するには限界があります。また、プラスの金利を付利すると日銀の金利負担の増加を通じて結局は国庫納付金の減少で国民が負担することになります。

　すでにユーロ圏や英国は CBDC に付利をしない方針を明らかにしています。日本も付利しない方針です。米国は付利も選択肢の 1 つとしていますが、付利の方向性を明らかにしているわけではありません。

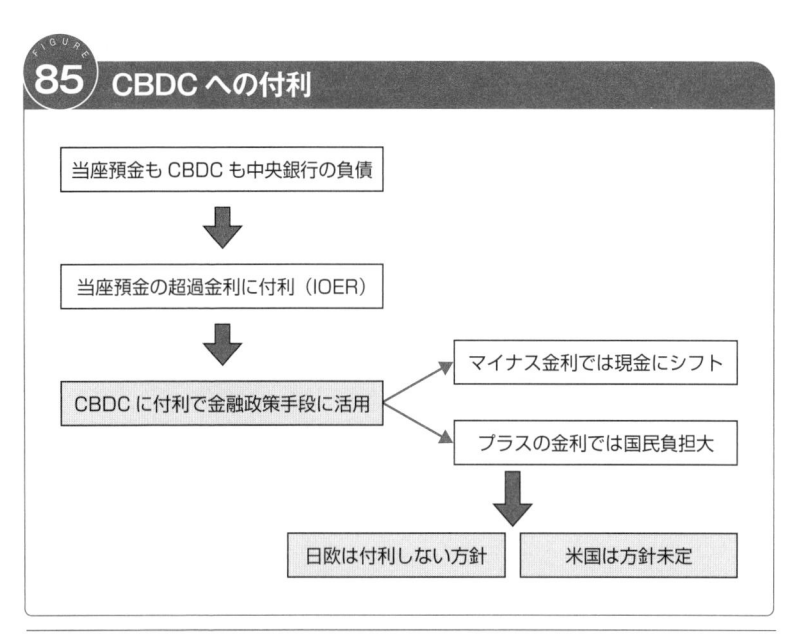

85 CBDC への付利

```
┌─────────────────────────────────┐
│ 当座預金も CBDC も中央銀行の負債 │
└─────────────────────────────────┘
              ↓
┌─────────────────────────────────────┐
│ 当座預金の超過金利に付利（IOER） │
└─────────────────────────────────────┘
              ↓
┌──────────────────────────┐      ┌────────────────────────┐
│ CBDC に付利で金融政策手段に活用 │─────→│ マイナス金利では現金にシフト │
└──────────────────────────┘      └────────────────────────┘
                               └────→┌────────────────────────┐
                                     │ プラスの金利では国民負担大 │
                                     └────────────────────────┘
                                              ↓
┌──────────────────────┐  ┌──────────────────┐
│ 日欧は付利しない方針 │  │ 米国は方針未定 │
└──────────────────────┘  └──────────────────┘
```

＊**IOER** Interest on Excessive Reservesの略。

21 仲介機関は小売店に手数料を課せるが、水準設定は悩ましい

まだ明確な方向性は打ち出されていませんが、仲介機関が小売店から手数料を取ることはあり得ます。過大な負担とならないように求める声がある一方、民間デジタル決済手段の手数料対比で低い手数料は民間デジタル決済手段のすみ分けを難しくします。

1 手数料は仲介機関のビジネスの根幹だが、難問

国民が CBDC を使うのに手数料を払うことは想定されていません。それは現金で小売店で買い物をするときに手数料を取られないのと同じです。また、民間デジタル決済手段であるクレジットカードや〇〇 Pay を使う場合に原則として手数料を取られないこととも同じです。

CBDC を受け取る小売店は微妙です。以前は売上金の現金を金融機関が集金してくれた時代もありましたが、金融機関の収益環境が厳しくなるに従って、むしろ集金サービスに手数料を取る動きもあります。また、民間デジタル決済手段は取扱代金の数 % の手数料を差し引いて小売店口座に入金することが一般的です。この手数料が民間業者のビジネスの収益源となっています。

CBDC の仲介機関もビジネスとして、民間デジタル決済業者のように小売店から手数料を取ることはあり得ます。ただ、CBDC は現金と同様の法定通貨で一種の社会インフラですので、仮に手数料を課すとしても小売店が過大な負担を負うことになれば、「CBDC は受け取りたくない（現金支払のみ）」といった動きも予想され、社会的な批判も高まる可能性はあります。

一方、民間デジタル決済手段に比べて低い手数料やあるいは手数料を課さないということになれば、小売店としては「デジタル決済手段は CBDC だけでいい」ということになり、民間デジタル決済手段のビジネスを圧迫することになります。

政府・日銀の「中間整理」（2024 年 4 月）では、「仮に CBDC に関する各種手数料が導入される場合には適正な内容・水準に設定することが考えられる」とされており、この難問に明確な方向性は打ち出されていません。

2　ユーロは「民間水準以下」の方向性を打ち出す

　この点、デジタルユーロについて、EU が公表した資料では、「デジタルユーロを受け入れる小売店の手数料は、同様の支払手段、例えば、デビットカードやインスタント・ペイメントの手数料水準を超えてはならない」としています（2-12 節参照）。つまり、「手数料は課してもいいが、民間デジタル支払手段の手数料以下で」ということです。この点も、今後導入までに EU の中で議論が続けられるとみられます。

FIGURE **86**　小売店に課す手数料水準は悩ましい問題

	利用者	小売店
現金	なし	以前は集金サービスは無料が一般的だったが、最近は有料化の動きも
民間デジタル決済手段	なし	数 % の手数料
CBDC	なし（見込み）	・社会インフラとして課さない？ ・民間デジタル決済手段より低い手数料 　➡民間を圧迫？ ・民間デジタル決済手段以上の手数料 　➡「CBDC は受け取りたくない」という 　　動き？

CHAPTER 4

22 小売店はCBDCの受け取りを拒否できるか

CBDCは法定通貨で強制通用力がありますが、体制が整わないこと、費用がかかることなどを理由に受け取りを拒否する小売店も出てくる可能性があります。一般受容性を高める環境整備が必要です。

 ## 1 強制通用力のあるCBDCは原則として受け取りを拒否できないが…

CBDCは法定通貨で強制通用力を持ちますので（1-13節参照）、小売店は原則として受け取りを拒否できません。ただ、CBDCの受け取りには機器なども必要になる可能性もあるため、零細な小売店まで全国すべての小売店がCBDCを受け入れる体制が整うかはわかりません。

また、CBDCの受け取りに当たって、仲介機関から高い手数料が課された場合（4-21節参照）、「CBDCは受け取りたくない（現金支払いのみ受け入れる）」といった動きも出かねません。

CBDCが社会インフラとして定着していくためには、CBDCが使えない小売店は最小限にとどめることが望ましく、そのための環境整備とともに、小売店に準備を促す仕組みも必要になるでしょう。

 ## 2 「民間デジタル決済手段は受け入れるがCBDCは受け入れない」は許されるか

デジタルユーロでは、「小売店が民間デジタル決済手段を受け入れている場合はCBDCの受け取りは拒否できない」という明確な基準を設ける方向です。なかなかの名案です。

政府・日銀の「中間整理」（2024年4月）では「法貨であっても、当事者間の合意に基づき、他の手段で支払うことも可能であるとされているため、CBDC の受け取りを阻む店舗が現れる可能性も排除できない。このため、一般受容性を高める観点から店舗を含む利用環境の整備等について検討していく必要がある」とされています。

　環境整備は必要だと思いますが、そのために多額の財政負担が必要となれば CBDC 導入の社会的コストは増加します。高額の機器を必要としない支払方法を検討する必要があります。また、少なくとも、「民間デジタル決済手段は受け入れるが CBDC は受け入れない」といった小売店が現れることがないよう、EU 同様の基準を適用することは必要でしょう。

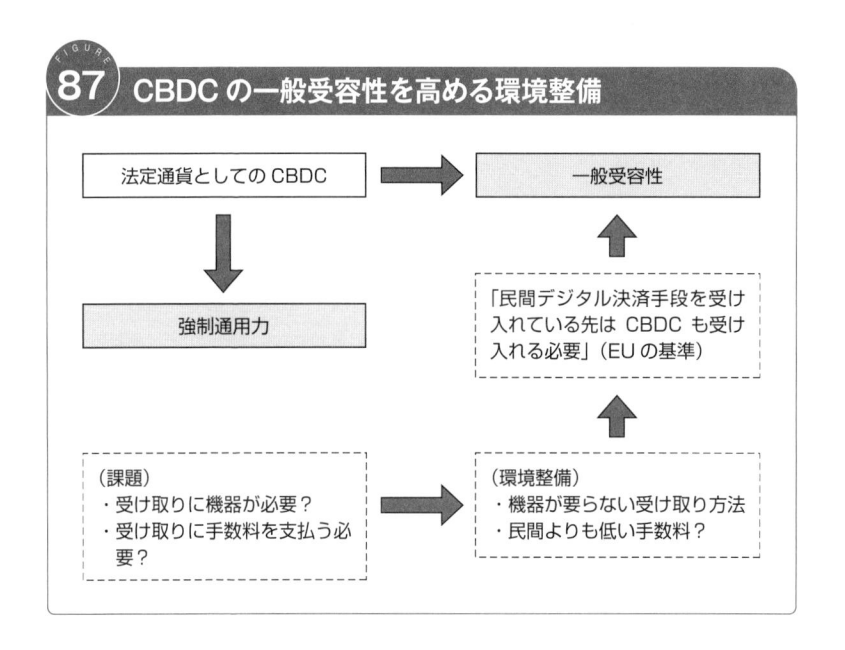

FIGURE 87　CBDC の一般受容性を高める環境整備

導入当初オフライン機能は
提供されない可能性

通信や電力が途絶してもCBDCを利用可能とするオフライン機能も検討されていますが、偽造や二重使用のリスクも高まります。非常時は現金を利用するという割り切りも考えられます。

1 オフラインにも様々なケースがある

交通系 IC カード（Suica や PASMO など）は利用者がオフラインでも支払いを行うことができます。この場合、受け取る側は通常オンラインで支払いを処理しています。CBDC でも小額をカードなどのデバイスに移し、オフラインで利用するアイデアもあります。これは CBDC をオンラインで利用する場合に比べ、ある程度の匿名性を実現する方法でもあります（4-15 節参照）。

支払う側も受け取る側もオフラインの場合であっても、デバイス間の通信機能で支払いを行う技術など、オフラインで CBDC の利用を実現する方法も検討されています。そうした技術を活かせば、CBDC の強靭性は高まることになります。また、民間デジタル決済手段が利用できなくなった場合でも、CBDC が利用できれば国の決済システム全体の強靭性も高まることになります。

ただ、CBDC の本質はデータですので、そこでやり取りするデータが真正なものである必要があります。オンラインであれば真正性が検証できることもオフラインではできない場合があるため、偽造や二重使用のリスクも高まります。また、デバイスの電池切れなどが起こるとデバイス間通信も難しくなります。

2 災害・電力途絶などの緊急時には現金が役に立つ

　この点、現金は災害や電力途絶といった緊急時でも確実な支払方法です。CBDC 導入後も現金は引続き発行され、流通しますので、1 つの割り切りとして、緊急時は現金をメインの支払い手段とすることも考えられます。もちろん、現金を被災地に流通させるための困難さもありますが、現金を使うことでこれまで数々の災害に対応してきた経験やノウハウを活かすことができます。

　政府・日銀の「中間整理」（2024 年 4 月）でも「オフライン機能については、今後の技術面における進展等を踏まえた上で、その内容や導入時期を検討することが適当であるが、現金が引き続き利用できることも踏まえれば、CBDC の導入当初からオフライン機能を導入する必要性は低い」としています。

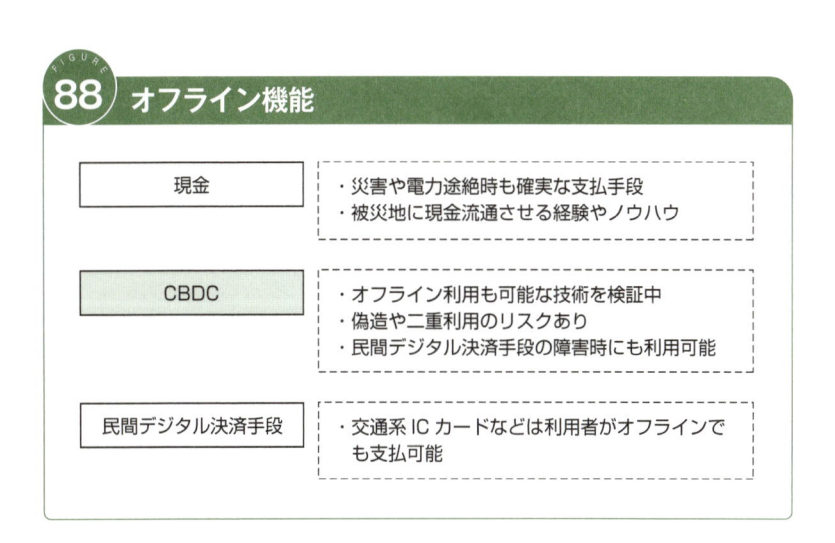

FIGURE 88　オフライン機能

現金	・災害や電力途絶時も確実な支払手段 ・被災地に現金流通させる経験やノウハウ
CBDC	・オフライン利用も可能な技術を検証中 ・偽造や二重利用のリスクあり ・民間デジタル決済手段の障害時にも利用可能
民間デジタル決済手段	・交通系 IC カードなどは利用者がオフラインでも支払可能

導入当初非居住者や旅行者への口座開設は認めない方向

制度設計次第ですが、旅行者に厳格な本人確認を求めることは難しいほか、クレジットカードや現金などの代替決済手段もあるため、導入当初は対象外とし、検討を継続する方向です。

1 旅行者にも条件付きで「臨時口座」を認める？

CBDC口座の開設には厳格な本人確認が求められます（3-4節参照）。居住者には厳格な本人確認を求めるのに、旅行者に口座開設を簡単に認めたら本末転倒ですし、開設された口座が資金洗浄などに悪用される懸念もあります。一方で、インバウンド観光を国策として促進する立場からは、日本の魅力と利便性をアピールする1つの材料としてCBDCも使いたいところです。

デジタルユーロでは、旅行者に対してもECB*（欧州中央銀行）が設定する条件に基づいて臨時口座の開設を認める方針が示されています。ただ、ECBが設定する具体的な条件は現時点では明らかではなく、また導入当初は見送られる方針です（"A stocktake on the digital euro," 2023年10月）。

2 デジタル人民元は「静かな浸透」？

日本でも旅行者に厳格な本人確認を求めることは難しいほか、クレジットカードや現金などの代替決済手段もあるため、導入当初は対象外とし、検討を継続する方向です。

中国は2022年北京冬季五輪の開催に合わせて、五輪会場でデジタル人民元の実証実験を行い、世界にデジタル人民元をアピールしましたが、その際は選手や記者団にも口座を開設しました。もっとも、これば

*ECB　European Central Bankの略。

実証実験の話で、正式導入する際の方針は明らかになっていません。

　ただ、華僑など中国と結び付きのある人は世界中にいますので、そうした人々を利用者として取り込んでいく方針が示される可能性はあります。すでに、一定の制限はありますが、非居住者にも口座開設を認めています（2-6節参照）。

　また、中国人旅行者がデジタル人民元で支払いたいとして、結果的に世界各地でデジタル人民元が決済手段として浸透し始めることも想定されています。中国当局が外国の小売店の口座開設にどのような姿勢を示すかも注目です。また、デジタル人民元の浸透に対する日本当局の姿勢も注目です。

　中国は資本規制の完全自由化を実現していませんので、人民元が真の国際通貨になるには、まずは資本規制の完全自由化を実現する必要がありますが、デジタル人民元を通じた「**静かな浸透**」は資本規制の完全自由化を待たずとも起きる可能性があります。

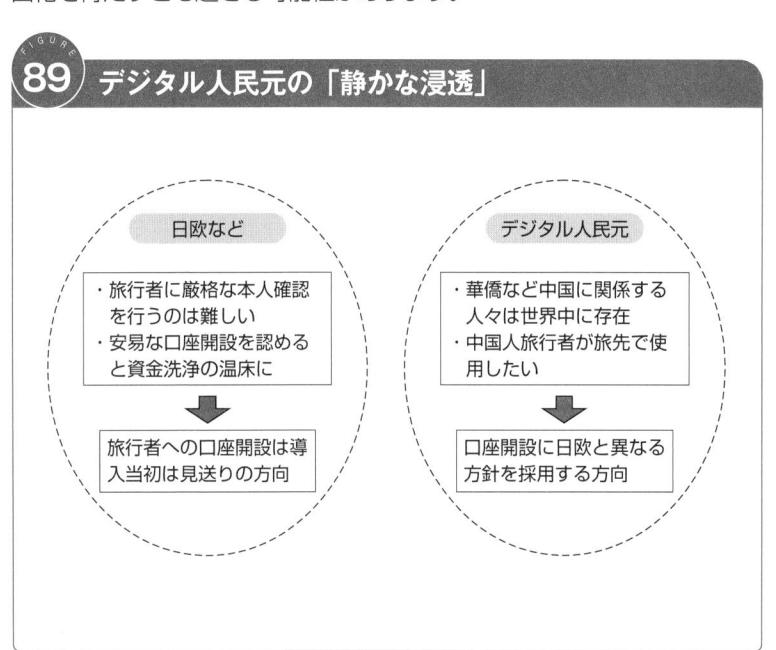

89 デジタル人民元の「静かな浸透」

日欧など

・旅行者に厳格な本人確認を行うのは難しい
・安易な口座開設を認めると資金洗浄の温床に

⬇

旅行者への口座開設は導入当初は見送りの方向

デジタル人民元

・華僑など中国に関係する人々は世界中に存在
・中国人旅行者が旅先で使用したい

⬇

口座開設に日欧と異なる方針を採用する方向

デジタル円の海外利用には
相互運用性が必要

デジタル円が海外で流通するには円を決済通貨として受け入れる海外の受け取り手が増える必要があります。将来的には、CBDC間の相互運用性の確保や法規制の調和などが進むことで、CBDCを利用した通貨の交換ができるようになるかもしれません。

1 デジタル円が海外で通用するには海外に受け取り手がいる必要

皆さんが海外旅行する際、現地での支払はどうされるでしょうか。日本円を現地通貨で両替するか、国際的に通用するクレジットカードで支払うかではないでしょうか。以前はこれに加えてトラベラーズチェックという外貨建ての小切手がありましたが、日本では新規発行が終了しています。

日本円はドルのような基軸通貨ではないものの、国際通貨ではありますので、現地の両替商でも日本円を扱ってくれるところは依然多いのですが、国際的に流通しない通貨だと、出発前に自国通貨をドルに換え、旅行先でドルを現地通貨に換えるといった手間がかかります。通貨が外国で通用することは簡単でないのです。

同様にデジタル円が導入されても海外の小売店などが受け取ってくれなければ通用しません。海外の小売店に受け取ってもらえるには、その小売店が間接的でもデジタル円の口座にアクセスできなければいけません。日本のCBDC口座を開設した日本の事業者にデジタル円の受け取りを委託することなどが考えられます。

そうした手間やコスト（手数料）をかけてまでデジタル円の受け取りを行うかは、結局は日本が国際社会でどれだけのプレゼンス（存在感）を高められるかにかかってきます。

90 クロスボーダー決済の課題

現金の両替

・両替コスト高い
・どこでも現地両替できるとは限らない（円のプレゼンス次第）

クロスボーダー決済の効率化

・海外送金の手数料引き下げた民間事業者の取り組み
・ホールセール CBDC の相互接続

クレジットカード

・国際カードは寡占状態
・加盟店の手数料、利用者の為替手数料が高い

一般利用型 CBDC の交換？

・相互運用性の確保
・AML/CFT など法規制の国際的な調和、サイバーセキュリティ対策

▲海外でデジタル円が通用するには相互運用性の確保がカギ

デジタル人民元については「静かな浸透」が世界に広がる可能性について指摘しました（4-24節参照）。中国のような規模感があればデジタル人民元を受け入れるインセンティブが生まれやすいですが、日本がそこまでのプレゼンスを発揮するのはハードルが高いかもしれません。

② CBDCの相互運用性がクロスボーダー決済を可能に

ただ、将来的には複数通貨のCBDCが相互接続することで通貨間の交換（両替）が簡単に行えるようになる可能性があります。すでにホールセールCBDC（1-25節参照）ではBIS（国際決済銀行）のイノベーション・ハブ（Innovation Hub）を通じた共同研究などが行われています。日銀もアゴラと名付けられたBISの実験プロジェクトに参加し、ホールセールCBDCと民間銀行預金を連携させ、クロスボーダー決済を行う検討を行います（1-27節参照）。

一般利用型（リテール）CBDCについてもシステムを共通基盤で構築したり、相互接続したりするなど相互運用性を高めれば、CBDC同士を直接交換することも技術的には可能です。すでに中国が関心を示しています。

もちろん、システムの相互運用性の確保といった技術面だけでなく、AML/CFT（4-13節参照）など法規制の調和、サイバーセキュリティ対策など実現に向けた課題は多いですが、実現できれば日本でCBDC口座を開設した利用者が海外で、現地のCBDCで買い物をすることも可能になるかもしれません。

CBDCやステーブルコインで海外送金を行う実証実験も

海外送金のコストを引き下げるために国際的な取り組みが行われています。CBDCを使って海外送金を行う方法についても実験プロジェクトなどが行われていますが、マネー・ローンダリングや脱税などの温床にならないような制度整備も必要です。

1 クロスボーダー送金の効率化は国際的な課題

2019年にフェイスブック社（現・メタ社）の**リブラ（Libra）**に代表される**グローバル・ステーブルコイン（GSC）**構想の背景には、クロスボーダー送金のコストの高さや（途上国などの）金融サービスにアクセスできない人々の多さ（**金融疎外**）といった課題がありました。例えば、国外に出稼ぎに行っている労働者が母国に送金する際には、この2つの課題に直面します。海外送金（remittances）のコストは高く、銀行口座にもアクセスできないという状況です。

2020年には、G20でクロスボーダー送金の改善を優先課題の1つに取り上げました。具体的には、コスト、スピード、アクセス、透明性という4つの課題について、改善に向けたロードマップを策定しました。先ずは現状分析を中心に作業は進められ、2023年のG20では優先的に取り組むべきアクションプランが策定されました。

各国の大口決済システム（**RTGS**＊：**即時グロス決済システム**）の稼働時間の延長や決済電文の国際標準（ISO20022）準拠、FPS（3-21節参照）の相互接続といった既存の決済システムの改善の取り組みが行われているほか、ステーブルコイン（3-16節参照）を利用した海外送金に対して、どのような規制を行うべきかについても検討が行われています。

＊**RTGS** Real Time Gross Settlementの略。

2　wCBDCを利用した海外送金

　CBDCを利用した海外送金については、G20の期限を区切ったアクションプランに馴染まない部分もありますが、BIS（国際決済銀行）のイノベーション・ハブ（Innovation Hub）を中心として中央銀行が共同で行う実験プロジェクトなどで**ホールセールCBDC（wCBDC）**を利用した海外送金が検討されています（4-25節参照）。

　ただ、wCBDCの相互接続など相互運用性が確保されれば、すべての問題が解決されるわけではありません。特に、海外送金では送金側、受取側双方に本人確認が必要ですので、wCBDCの利用者となる民間金融機関の本人確認義務が免除されたり軽減されたりするわけではありません。簡単に海外送金できるようになることは、AML/CFT（4-13節参照）対策ではむしろ厳格化が求められることになります。**eKYC**（デジタル本人確認）の採用などの効率化を図りつつ、法規制などの環境整備も合わせて実施する必要があります。

　また、将来的には、一般利用型CBDCを利用した海外送金が実現する可能性もあります（4-25節参照）。

91 海外送金のコスト引き下げは国際的な課題

海外送金コストの高さ

・海外出稼ぎ労働者の母国
　への送金
　（remittances）

（2019年）

グローバル・ステーブルコイン構想

金融疎外
（financial exclusion）

・銀行口座へのアクセス

（2020年〜）

G20によるクロスボーダー送金効率化

コスト	スピード	アクセス	透明性

・RTGSシステムの稼働時間延長
・決済電文のISO20022準拠
・FPSの相互接続
・ステーブルコイン規制

本人確認の厳しさと
相互運用性の確立を
実現する必要がある。

wCBDCを利用した海外送金？

一般利用型CBDCの相互運用性？

「unified ledger（統合台帳）」構想で決済の効率化を実現

BIS（国際決済銀行）が2023年に提唱するCBDC、トークン化された銀行預金、その他のデジタルアセットを分散型台帳技術（DLT*）を使った共通プラットフォーム上で決済する構想です。中央銀行マネーと民間マネーを同一基盤で決済することで決済システム全体の効率化を実現する狙いです。

1 あらゆる金融資産はトークン化できる

トークンとは権利や財産的価値が化体した流通可能なデータをいいます（4-2節参照）。株式や国債などの有価証券は金銭債権（財産権）を化体させ譲渡性を高めたものですが、トークンは有価証券をデータにして譲渡性（流通性）を一層高めたものといえるかもしれません。

有価証券は化体する財産権が法律で決められていますが、トークンは原理的にはあらゆる財産権を対象にできますし、小口化することも簡単です。例えば、銀行預金は有価証券ではありませんが、トークン化してデジタルアセットにすることは可能です。銀行預金をトークン化すれば、預金保険の対象にもなる安全な民間マネーとして、ステーブルコインと同様の機能を果たすことができます。

ホールセールCBDC（wCBDC）は、もともとブロックチェーンを利用することが想定されていますので、wCBDCをトークンとして流通させることも自然な成り行きといえます。

一般利用型CBDCは、二層構造の口座型としての発行が想定されています。ただ、並行してトークン型の発行がなされる可能性もあります。一般利用型CBDCはその取引量や要求される処理スピードなどから、ブロックチェーンを取引基盤として全面的に採用するには現時点の技術では課題が残ります。もっとも、一部のCBDCをトークンとして発行し、ブロックチェーン上で流通させることは不可能ではないとみられます。

ブロックチェーンは、**分散型台帳技術（DLT）の一形態**（46 ページのコラム参照）ですが、いずれにせよ、CBDC、銀行預金、ステーブルコインに加え、債券や投資信託など金融資産のトークン、暗号資産などのデジタルアセットを DLT の共通プラットフォーム上で発行・流通させることができれば、デジタルアセット間の交換をより自由に行えるようになります。中央銀行マネー（CBDC）と民間マネー（トークン化された銀行預金、ステーブルコインなど）もプログラマブル（プログラム可能）なトークンとしてスマートコントラクトなどを利用できます。

2　デジタルアセットの中での中央銀行マネーの役割を模索

　デジタルアセットをトークンとして共通基盤の上で流通させるという発想自体は目新しいことではありません。ポイントは中銀マネーと民間マネーとの間のより自由な交換を促すとするものと位置付けられます。

　ただ、CBDC と交換できるといっても、民間マネーに対する規制や AML/CFT 対策の本人確認などの条件が免除されるわけではないことに留意する必要があります。

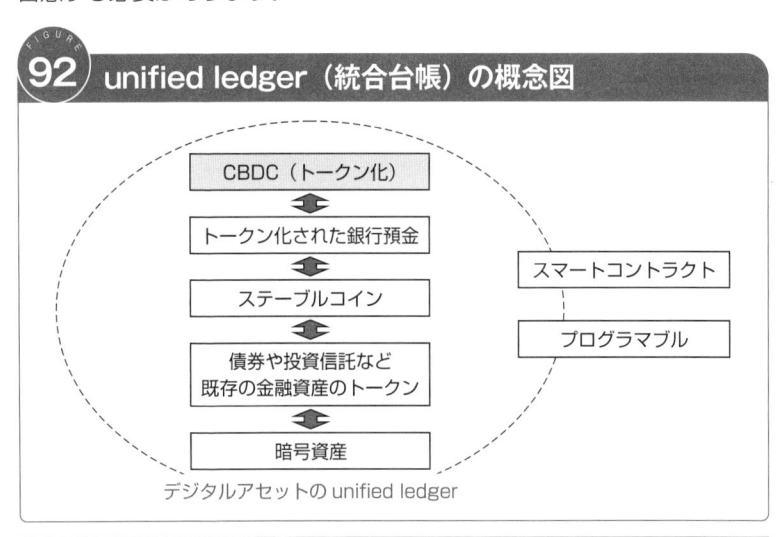

92　unified ledger（統合台帳）の概念図

- CBDC（トークン化）
- トークン化された銀行預金
- ステーブルコイン
- 債券や投資信託など 既存の金融資産のトークン
- 暗号資産

スマートコントラクト

プログラマブル

デジタルアセットの unified ledger

＊**DLT**　Distributed Ledger Technologyの略。

CBDCの環境負荷を下げる工夫が必要

CBDCはデータであり、計算処理が必要ですので電力を消費します。暗号資産や生成AIが大量の電力を消費し、環境負荷が増加しているとの指摘があります。現金の流通にもコストと環境負荷が発生していますが、CBDCでも環境負荷を小さくする工夫が大切です。

1 データセンターの電力消費は急増

IEA*（国際エネルギー機関）によると、2022年から2026年までの4年間でデータセンターの電力消費は倍近くまで急増すると予測されています。特に、暗号資産（ビットコインのマイニングなど）や生成AI関係の電力消費の伸びが目立っています。

実際、ビットコインのマイニングには膨大な計算資源を必要とします（3-13節参照）。すでにマイニングは企業が大規模なデータセンターに投資して事業として行うものになっており、電力料金が安く、寒冷地*であるカザフスタンなどに中国系企業が進出しています。

寒冷地であるデンマークやアイルランドでもデータセンターの建設ラッシュが続いており、IEAの予測では2026年にはアイルランドの電力需要の3割以上がデータセンターのものになる見通しです。

CBDCはマイニングなどの計算処理は必要としませんが、計算資源と電力を消費します。もちろん、データ処理にかかわるコストだけでなく、中央銀行や仲介機関が運用に必要な人件費や設備など、様々なコストもあります。

＊ **IEA** International Energy Agencyの略。
＊ **寒冷地** サーバーの放熱を冷却する電力を節約できる。
＊ **GHG** Greenhouse Gasの略。
＊ **LCA** Life Cycle Assessmentの略。製品・サービスのライフサイクル全体の環境負荷。

2 CBDCの環境負荷は電源構成次第？

　もちろん、現金流通のコストも大きいです。全国の隅々にまで現金を流通させるためには大きな社会的コストがかかっています。国土が広く人口が少ないスウェーデンが、先進国ではいち早くCBDCの検討開始を宣言したのは現金流通コストが高すぎることも一因です（2-15節参照）。

　環境の面でも、現物を全国に運搬するだけでも無視できない環境負荷が発生します。CBDCになれば現物の物理的運搬はなくなるので、一見環境負荷が小さくなりますが、本当に環境負荷が低いかはデータ処理にかかる電力消費などを勘案する必要があります。

　GHG*（温室効果ガス）排出量の多い電源構成を採っている国ではCBDCの環境負荷も無視できません。CBDC発行に関わるGHG排出量（カーボンフットプリント）やLCA*などを意識する必要がありそうです。

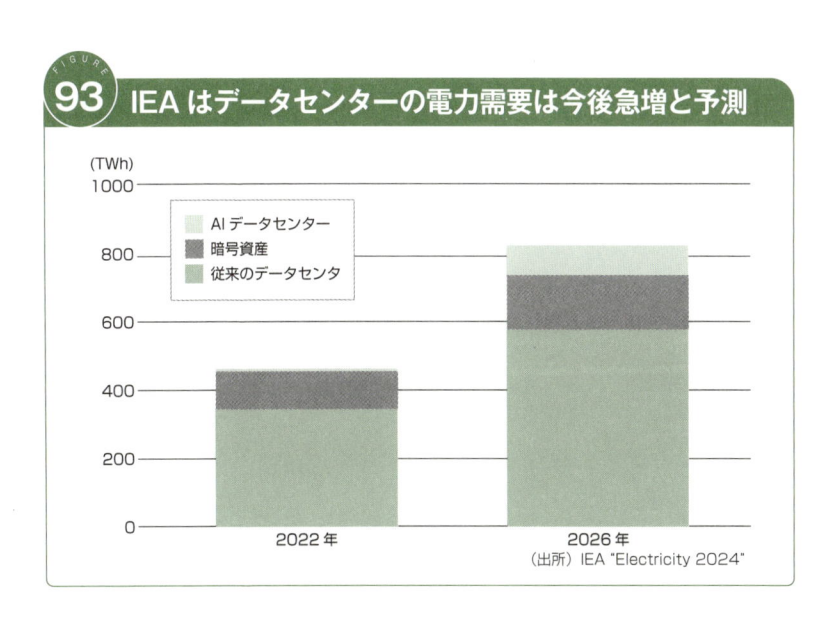

93 IEAはデータセンターの電力需要は今後急増と予測

(TWh)

凡例：
- AIデータセンター
- 暗号資産
- 従来のデータセンタ

横軸：2022年　2026年
（出所）IEA "Electricity 2024"

MEMO

索引

● **著者プロフィール**

下田　知行（しもだ　ともゆき）

政策ストラテジスト。立教大学経済学部特任教授。経済と金融の未来デザイン代表。

鹿児島県出身。1989年東京大学法学部卒業後、日本銀行入行。国際決済銀行（BIS）派遣、信用機構室調査役、金融市場局企画役、金融機構局国際担当総括（現・国際課長）を経て、2010年国際通貨基金（IMF）日本代表理事代理。2013年帰国後、松山支店長、企画局審議役、一橋大学国際・公共政策大学院特任教授などを経て、2024年4月現職。

金融政策（異次元金融緩和の政策コミュニケーション、海外中銀・国際機関との政策調整、主要ヘッジファンドなど市場参加者との対話）、金融規制（バーゼル3の交渉責任者）、決済（資本市場の国際基準策定）など幅広い分野で政策立案の最前線に立つ。CLS銀行や日本国債清算機関（現・JSCC）の設立など大型決済プロジェクトにも参画。現在は、デジタルアセットやカーボンプライシング、銀行のビジネスモデルの未来像の研究とともに、日米の金融政策や金融市場分析、日本経済の将来展望など幅広いテーマについてNikkei Financial、東洋経済、金融財政事情などに寄稿や講演を行っている。地方創生スタートアップに助言も。趣味は世界中の動物園でカバを見て回ること。

詳しくはhttps://researchmap.jp/TShimoda
連絡先：contact@tshimoda.jp

図解ポケット

中央銀行デジタル通貨 (CBDC) がよくわかる本

発行日	2024年 9月 5日	第1版第1刷

著　者　下田　知行

発行者　斉藤　和邦

発行所　株式会社　秀和システム

〒135-0016

東京都江東区東陽2-4-2　新宮ビル2F

Tel 03-6264-3105 (販売) Fax 03-6264-3094

印刷所　三松堂印刷株式会社　　　　Printed in Japan

ISBN978-4-7980-7002-5 C0033